Mosaik bei
GOLDMANN

Buch

Topkarrierefrau, perfekte Gastgeberin und Supermama mit gepflegtem Haushalt – viele Frauen denken, dass sie all diese Ansprüche erfüllen müssen und dabei auch noch blendend aussehen sollen. Doch wer immer und überall perfekt sein will, ist am Ende nur gestresst und unzufrieden.

Irene Becker und Jutta Meyer-Kles haben ein fundiertes psychologisches Programm entwickelt, mit dem man die eigenen Ansprüche nach Vollkommenheit auf ein vernünftiges Maß herunterschrauben kann. Zahlreiche Beispiele und Übungen helfen dabei, die wahren Werte und Wünsche herauszufinden und festzulegen, wie perfekt man selbst wirklich sein will. Und falls man doch mal einen »perfekten Eindruck« machen will, zeigen die »Schlampinen-Tipps«, wie man mit wenig Aufwand große Wirkung erzielen kann.

Autorinnen

Irene Becker ist seit über einem Jahrzehnt selbstständig als Managementtrainerin für Großunternehmen tätig. Sie führt außerdem regelmäßig Seminare und Coachings durch. Jutta Meyer-Kles berät mittelständige Unternehmen in den Bereichen Marketing und PR. Beide waren selbst Perfektionistinnen und haben alle ihre Tipps an sich selbst und mit ihren Seminarteilnehmerinnen ausprobiert.

Irene Becker · Jutta Meyer-Kles

Lieber schlampig glücklich als ordentlich gestresst

Wege aus der
Perfektionismusfalle

Mit Illustrationen
von Wolfgang Buechs

Mosaik bei
GOLDMANN

Für meine perfekt unperfekte Familie.
Ihr alle seid auf Eure Weise immer
wieder inspirierende Beispiele für mich!
In Liebe
Irene

FSC
Mix
Produktgruppe aus vorbildlich
bewirtschafteten Wäldern und
anderen kontrollierten Herkünften
Zert.-Nr. SGS-COC-1940
www.fsc.org
© 1996 Forest Stewardship Council

Verlagsgruppe Random House FSC-DEU-0100
Das für dieses Buch verwendete FSC-zertifizierte Papier *Munken Print*
liefert Arctic Paper Munkedals AB, Schweden.

1. Auflage
Vollständige Taschenbuchausgabe Dezember 2008
Wilhelm Goldmann Verlag, München,
in der Verlagsgruppe Random House GmbH
© 2004 Campus Verlag GmbH, Frankfurt am Main
Umschlaggestaltung: Design Team München
Illustrationen: Wolfgang Buechs, wb@destination.de
Satz: Buch-Werkstatt GmbH, Bad Aibling
Druck und Bindung: GGP Media GmbH, Pößneck
WR · Herstellung: IH
Printed in Germany
ISBN 978-3-442-17051-7

www.mosaik-goldmann.de

Inhalt

1 Einleitung

Glück ist nicht einfach zu definieren und hat viele Facetten – so viele, wie es Menschen gibt. Glaubt man den Medien, so scheint es allerdings doch einen einzigen wahren Weg zum Glück zu geben: Perfekt sein ist die propagierte Lösung. Und an Hilfestellungen fehlt es auch nicht. Ein kompetenter Mann zeigt Ihnen, wie Sie die perfekte Liebhaberin werden; eine bekannte Schauspielerin beschließt, einfach später alt zu werden, und veröffentlicht freundlicherweise ihre Tipps zur Überwindung der Naturgesetze. In einschlägigen Frauenzeitschriften erfährt die begierige Perfektionismusschülerin wochenaktuell die neuesten Must-Haves, ohne die frau modisch offensichtlich nicht überleben kann (auch wenn das für ihr Konto unglücklicherweise nicht gilt). Die In- und Out-Rubriken informieren zuverlässig, in welche Lokale Sie noch ungestraft gehen dürfen und welchem bis gestern noch akzeptierten Musikgeschmack Sie heute lieber nur noch im Geheimen frönen sollten. Auch Stylingtipps für die derzeit angesagte Hunderasse werden Gott sei Dank gegeben, sodass Sie sich beim Kauf des Designer-Hundekorbs keinesfalls vergreifen können.

Die neuesten Wunderdiäten und Workouts verhelfen Ihnen zur definierten Traumfigur – wobei sich leider auch diese Definition nicht als stabil erweist. Im fortschrittlichen Amerika lassen sich junge Mädchen, die sich noch vor einigen Monaten ihre Rückseite chirurgisch verkleinern ließen, jetzt Silikonkissen einsetzen, um ihrem neuesten Idol Jennifer Lopez mit ihrem allseits bewunderten »Latino-Po« möglichst ähnlich zu werden. (Es scheint sich ein Dauerabonnement mit Preisrabatt beim Schönheitschirurgen zu empfehlen: Wer weiß, ob nicht morgen im Zuge der Nostalgiewelle Barbra Streisands Nase, Jane Russells Busen oder Marilyn Monroes Hüften wieder in sind!)

Auch vor dem Berufsleben macht Perfektionismus nicht Halt: Wenn man den – derzeit ohnehin wenigen – Stellenanzeigen Glauben schenken darf, so ist der ideale Mitarbeiter heutzutage männlich (Schwangerschaften bei Frauen stören das perfekte Bild leider immer noch enorm), höchstens Mitte zwanzig, hat studiert und am besten einen Doktortitel erlangt, zugleich weist er mehrere Jahre Berufserfahrung möglichst in verschiedenen Branchen vor. Er hat sich in renommierten Bereichen sozial und gesellschaftlich engagiert, ist selbstverständlich teamfähig und besitzt genügend Biss und Durchsetzungsvermögen, ist mobil und flexibel, lebt in einer stabilen Partnerschaft, ist ehrgeizig und dennoch bescheiden genug in seinen Ansprüchen. Die verschiedenen im Ausland erworbenen Fremdsprachen- und PC-Kenntnisse werden schon gar nicht mehr explizit erwähnt, sondern als selbstverständlich vorausgesetzt …

Die Liste überzogener Erwartungen ließe sich endlos verlängern. Für jeden Lebensbereich gibt es den perfekten Maßstab, den Sie nur erreichen müssen, um glücklich zu sein. Die Wäsche ist nicht nur sauber, sondern rein; das fünfgängige Menü wird nach einem anstrengenden Arbeitstag schnell aus dem Ärmel geschüttelt, während die perfekten Kinder mit ihrem perfekten Vater (der gleichzeitig natürlich auch ein perfekter Liebhaber ist – schließlich gibt es den entsprechenden Ratgeber auch für Männer) das perfekte Familienleben vorexerzieren. Die Wohnung wird je nach Jahreszeit und Mode neu gestylt, das Auto alle paar Monate durch das neueste Modell ersetzt, abends im Bett werden schnell noch die frisch erschienenen Bestseller überflogen, damit man am nächsten Tag im Büro auch kompetent mitreden kann. Und alles erscheint so einfach – zumindest in der Werbung und in den Medien.

In dem ein oder anderen Bereich haben Sie sicherlich schon versucht, diesen Vorgaben gerecht zu werden (sonst hielten Sie ja dieses Buch nicht in Händen). Wer möchte nicht schön, erfolgreich, vollkommen und bewundert sein? Vielleicht haben Sie es sogar teilweise geschafft – aber Sie werden festgestellt haben, dass es im wahren Leben leider nicht so einfach ist, wie es Ihnen von den Medien suggeriert wird. Und leider macht Perfektion in Wahrheit auch nicht glücklich, sondern sie erzeugt Stress, dauernde Unzufriedenheit bis hin zu Depressionen. Zudem raubt Ihnen das krampfhafte Streben nach Perfektion Lebensfreude, schränkt Ihre Kreativität und Spontaneität ein und lässt Sie zu einem unflexiblen, zwanghaften Automaten werden.

Nun, schon der gesunde Menschenverstand sagt Ihnen, dass es gar nicht anders sein kann. Menschliche Perfektion ist so gut wie immer unerreichbar, da sie unmenschliche, überzogene und unerfüllbare Maßstäbe setzt. Selbst in lebenswichtigen Bereichen ist menschliche Perfektion nicht machbar: Die weitaus häufigste Ursache bei Unfällen und technischen Katastrophen in allen Bereichen ist menschliches, nicht technisches Versagen! Sogar in Kernkraftwerken hat man es nicht geschafft, die Quote unter fünfzig Prozent zu drücken. Der Mensch ist nun einmal ein dynamisches Wesen, das sich kontinuierlich weiterentwickelt – und Entwicklung heißt lernen und somit auch Fehler machen und unvollkommen sein.

Im Streben nach Perfektion steckt zudem eine sehr große, fast größenwahnsinnige Anmaßung: So sehr sich die Weltreligionen im Detail unterscheiden mögen, so sind sie sich doch überwiegend darin einig, dass außer Gott (wie auch immer er jeweils genannt werden mag) nichts vollkommen und perfekt ist. Wollen Sie also perfekt sein, bedeutet das gleichzeitig, dass Sie nichts anderes im Sinn haben, als so zu sein wie Gott – na, dann viel Glück! Das haben im Laufe der Menschheitsgeschichte schon etliche Damen und Herren probiert, aber bisher sind alle gescheitert.

Die derzeitige weltweite Entwicklung im gesellschaftlichen und wirtschaftlichen Bereich fördert allerdings zugegebenermaßen den Gedanken an Perfektion. Immer mehr erscheint technisch und medizinisch machbar – warum dann nicht auch der perfekte Mensch? Und der globale Kapitalismus in der Wirtschaft demonstriert uns besonders intensiv und brutal, dass es einzig und allein auf den optimierten und perfekten Nutzen der eingesetzten Mittel ankommt. So macht sich der Mensch selbst zu einer ökonomischen Ressource und ist sein eigener Shareholder, der maximalen Profit aus sich herausholen will.

Fazit: Perfektionismus ist wohl doch nicht die Antwort auf die Frage nach dem Glück. Klingt logisch, sagen Sie, aber was soll ich machen – ich kriege nun mal einen depressiven Anfall, wenn ich wieder drei Kilo zu viel wiege, im Büro ein Protokoll mit Schreibfehlern verschickt habe oder feststellen muss, dass meine Schuhe out sind! So einfach ist das nicht, mal eben umzudenken!

Stimmt. Sie haben lange genug gebraucht, um Ihre Überzeugungen, Einstellungen und Verhaltensweisen zu entwickeln, also gönnen Sie sich ruhig ein wenig Zeit, neue zu lernen. Wir möchten Sie dabei unterstützen und geben Ihnen in diesem Buch praxisnahe Hilfestellungen, wie Sie selbst Ihre hartnäckigsten Denk- und Verhaltensmuster ändern können. Und natürlich ist uns auch klar, dass man ab und an (gesunder Menschenverstand hin oder her) einfach gerne einmal perfekt wirken möchte – daher finden Sie zu jedem Lebensbereich interessante und erprobte Schlampinen-Tipps, um im Einzelfall doch als perfekte Person zu glänzen.

Noch eine Bemerkung, bevor es losgeht: Natürlich kann sich Perfektionismus, wenn weitere tief greifende Probleme hinzukommen, zu einer ernsthaften psychischen Störung entwickeln, die in der Tat behandlungsbedürftig ist. Ein aktuelles und leider immer häufiger auftretendes Beispiel ist die Magersucht: ein lebensfeindliches irrationales Vollkommenheitsstreben bezogen auf den eigenen Körper, das über die zunehmende Schädigung der Gesundheit und der Psyche bis zum Tode führen kann. Auch manche so genannten Workaholics fallen sicher in diese Kategorie. Sie haben ein realistisches Maß und eine angemessene Grenze ihrer Arbeitsleistung völlig verloren und streben Perfektion auf Kosten aller anderen Lebensbereiche an. Ebenso können Kontroll- und Ordnungssucht, Zählzwang oder zwanghafte Hygiene perfektionistische Symptome einer tiefer gehenden Zwangsstörung sein. Sollten Sie den Eindruck haben, eines oder gar einige dieser Symptome treten bei Ihnen auf, kann Ihnen das vorliegende Buch nicht helfen. In einem solchen Fall empfehlen wir Ihnen dringend, sich fachkundigen Rat bei einem Therapeuten zu holen.

2 Fragen und Antworten: Was, woher, warum?

Als Perfektionistin wollen Sie natürlich wissen, warum Sie in Ihrer Familie womöglich die Einzige sind, die vom Perfektionismus geplagt wird. Alle anderen gehen lässig und entspannt mit den Dingen um, bei denen Sie es einfach nicht schaffen, auch mal fünf gerade sein zu lassen. Ist Perfektionismus angeboren, und ausgerechnet Sie haben dieses stressige Gen in Reinkultur erwischt? Oder sind in Ihrer Familie alle Perfektionisten, und Sie haben sich schon fatalistisch mit Ihrem Schicksal abgefunden? Was genau versteht man eigentlich unter Perfektionismus? Gibt es unterschiedliche Grade und Ausprägungen? Fragen über Fragen – im Folgenden ein paar Antworten.

Die perfekte Definition

Befragt man ein Standardlexikon, so findet man Perfektionismus definiert als übertriebenes Streben nach Vollkommenheit. In manchen Erläuterungen wird weiter ausgeführt, dass dabei außerordentliche Anstrengungen unternommen werden, um Perfektion zu erreichen, und dass Perfektionismus sich zu einer zwanghaften, fixen Idee auswachsen kann. In der religiösen Literatur wird Perfektionismus als menschliche Überheblichkeit bezeichnet; als das unangemessene Streben, gottähnlich zu sein. Die Psychologen gehen in eine etwas andere Richtung und definieren zwanghaften Perfektionismus als narzisstische und neurotische Persönlichkeitsstörung, bei der uneingestandene Ängste und mangelndes Selbstwertgefühl durch perfektionistische Verhaltensweisen verdrängt und kompensiert werden, bis es sogar zu einer Spaltung der Psyche kommen kann.

Doch die meisten Perfektionisten sind einfach ganz normale Menschen, die den Problemstellungen des Lebens und dem Druck unserer Zeit auf die ihnen gemäße Art begegnen, um sie so gut wie möglich zu meistern. Fast jeder Mensch neigt in einem oder mehreren Lebensbereichen zum Perfektionismus, ohne dabei gleich psychisch krank zu sein.

Unter Perfektionismus verstehen wir also das Bemühen, möglichst immer fehlerfreie Höchstleistung zu erbringen, auch wenn dies unter Umständen gar nicht erforderlich ist, übermäßig viel Energie kostet und unnötigen Stress erzeugt.

Perfektionismus tritt in allen Lebensbereichen auf: Leistung kann das Thema sein, Ordnung, Hygiene und Sauberkeit, die eigene Erscheinung, der Körper, die Ernährung und die Fitness; aber auch die Beziehung, der Partner oder äußere Dinge wie Haus, Auto, Garten und das Urlaubsziel können Gegenstand perfektionistischer Anstrengungen sein.

Es lassen sich zwei unterschiedliche Arten der Ausprägung identifizieren: die extrovertierte und die introvertierte Perfektionistin. Zählen Sie zu den Extrovertierten, geht es Ihnen wahrscheinlich sehr stark um Anerkennung und Ihre Wirkung auf die Außenwelt. (Was sagen bloß die anderen?, könnte einer Ihrer Lieblingsgedanken sein.) Sie haben ein ausgeprägtes Konkurrenzdenken – Gewinnen macht nicht nur Spaß, sondern Sie verlangen einfach von sich, die anderen zu übertrumpfen! Dabei dürfen Sie selbst ruhig ein wenig mogeln, wenn es denn dem Sieg dient. Sie finden Dummheit und Inkompetenz schwer erträglich, haben ein scharfes Auge für Fehler und Schwächen bei anderen (bei Ihnen selbst ist dieses Auge manchmal nicht ganz so scharf) und sind daher leider auch gerne ein wenig intolerant.

Als eher introvertierte Perfektionistin legen Sie Ihre hohen Maßstäbe an sich selbst an; und dabei können Sie ganz schön unerbittlich sein. Fehler sind unverzeihlich und dürfen Ihnen einfach nicht unterlaufen. (Ihr inneres Repertoire an Schimpfwörtern ist wahrscheinlich ziemlich beachtlich!) Ob die anderen Ihre Leistung gut finden, interessiert Sie nicht wirklich – im Zweifelsfall gilt Ihr eigenes Urteil mehr. Sie neigen dazu, mit sich und Ihrer eigenen Leistung dauernd unzufrieden zu sein und sich ungeachtet der Umstände grundsätzlich Höchstleistung abzuverlangen: Das wollen Sie doch mal sehen, ob Sie nicht auch mit einem verstauchten Knöchel Ihre persönliche Bestzeit im Marathonlauf erreichen können!

Sie haben es natürlich gemerkt: Diese etwas ironisch formulierten Ausprägungen müssen nicht wörtlich auf Sie zutreffen, aber Sie helfen Ihnen, Ihre eigene Tendenz zu erkennen. Sie finden auf Seite 34 einen ausführlichen Fragebogen, mit dem Sie sich und Ihrem Perfektionismus auf die Schliche kommen und eine realistische Bestandsaufnahme machen können, wo genau er Sie plagt. Vorab noch eine hübsche kleine Sammlung an typischen perfektionistischen Denkmustern und Verhaltensweisen, die den meisten passionierten Perfektionisten gemein sind.

Denkmuster oder Glaubenssätze sind Überzeugungen über die Welt, über wahr und falsch, über Ursache und Wirkung, die wir in ähnlichen Situationen immer wieder gleich aktivieren. (Näheres zu Entstehung, Struktur, Wirkung und Veränderung von einschränkenden Glaubenssätzen im Kapitel 4.) Zu den beliebtesten Glaubenssätzen unter den Perfektionisten gehören die folgenden:

- Nur Vollkommenes ist liebenswert und wird anerkannt.
- Durchschnitt ist ein Schimpfwort.
- Schwarz oder Weiß, Richtig oder Falsch – etwas anderes gibt es nicht.
- Man muss das Unmögliche nur immer wieder versuchen – bloß nicht aufgeben!
- 99 Prozent sind auch totales Versagen.
- Ich bin für alles verantwortlich – tut mir leid, dass es regnet.

- Trauen kann man allenfalls sich selbst.
- Vertrauen ist gut, Kontrolle ist besser.
- Gut ist mir nicht gut genug.
- Es gibt für jedes Problem eine eindeutige und optimale Lösung – die gilt es zu finden.

Auch bei Verhaltensweisen und Reaktionen gibt es je nach Themenfokus des Perfektionismus viele typische Muster:

- Wenn Sie in Speisekarten oder Büchern einen Tippfehler entdecken, würden Sie am liebsten sofort zum Rotstift greifen.
- Ist etwas schiefgelaufen, suchen Sie nach dem Sündenbock. (Gnade Ihnen Gott, wenn Sie es selbst sind!)
- Teamdemokratie ist Ihnen ein Gräuel, da zu schnell die Mittelmäßigkeit regiert.
- Sie lernen eher durch Strafe, nicht durch Fehler.
- In angespannten Situationen verlieren Sie gerne das Gefühl für das noch Zumutbare und stressen sich übermäßig.
- Sie fühlen sich sehr unwohl, wenn Sie etwas nicht so perfekt erledigen konnten, wie Sie wollten.
- Ihre Frustrationstoleranz ist ziemlich gering – wenn Ihnen etwas nicht sofort perfekt gelingt, sind Sie sauer und demotiviert.
- Sie schieben viele Dinge auf und fangen sie erst gar nicht an, wenn Sie glauben, dass Sie sie sowieso nicht perfekt erledigen können.
- Sie tun sich schwer mit Entscheidungen – man weiß ja nie, ob man nicht noch etwas Besseres findet!

- Sie wollten sich in der morgendlichen Hetze eigentlich nur Zucker in Ihren Kaffee löffeln – und ertappen sich eine Viertelstunde später dabei, wie Sie die leicht angelaufene silberne Zuckerdose akribisch mit einem Silberputztuch bearbeiten – von Prioritäten scheinen Sie noch nichts gehört zu haben.
- Ich verlange von euch nur, was ich auch von mir selbst verlange!, verkünden Sie stolz Ihrer vergrätzten Familie und bestehen darauf, dass vor dem Schwimmausflug jeder noch sein Zimmer aufräumt.

Warum das so sein kann – dieser Frage widmen wir uns im nächsten Kapitel.

Ursachen und Motive

Als Perfektionistin mit dem Wunsch, auf klare Fragen eine eindeutige Antwort zu erhalten, müssen wir Sie enttäuschen. Bei der Frage, ob menschliche Eigenschaften angeboren oder erlernt sind, scheiden sich die Geister, und man hat sich auf ein salomonisches »Sowohl-als-auch« geeinigt, ohne genaue Grenzen festlegen zu können. Die Ergebnisse jahrzehntelanger Zwillingsforschung erhärten nämlich einerseits die These, dass manche grundlegenden Eigenschaften tatsächlich genetisch verankert sein könnten. Getrennt aufgewachsene Zwillinge zeigten in vielen Wesenszügen verblüffende Ähnlichkeiten, obwohl ihre äußeren Lebensumstände ausgesprochen unterschiedlich waren.

Auf der anderen Seiten fanden die Vertreter der Lerntheorie heraus, dass selbst bei Zwillingen, die gemeinsam aufwuchsen, im Lauf der Zeit deutliche Unterschiede im Charakter zutage traten. Was ist nun richtig? Die derzeit überwiegende Lehrmeinung besagt, dass wir Menschen zwar mit gewissen charakterlichen Grundzügen und Merkmalen geboren werden, dass aber die Prägung durch unsere Umwelt und das Lernen von Modellen wie Eltern, Geschwistern, Lehrern und Freunden sich extrem stark auf die tatsächliche Ausgestaltung dieser Grundzüge auswirken und ihnen sogar eine völlig andere Richtung geben können. Der Lernprozess der persönlichen Entwicklung überwindet offensichtlich die Wirkung der Gene bezüglich der Charaktereigenschaften.

Zudem haben Psychologie und Verhaltensforschung immer mehr erkannt, dass man den Menschen in seiner Entwicklung nicht isoliert betrachten kann, sondern dass zum Beispiel die Stellung in der Familie (sind Sie das erste, zweite oder dritte Kind?) einen großen Einfluss auf die charakterliche Entwicklung hat. Deshalb werden in einer Familie von Perfektionisten nicht alle Kinder automatisch auch perfektionistisch, sondern aus Gründen der Abgrenzung und Einzigartigkeit kann es sein, dass sich eines im Gegenteil zum »Chaoten« entwickelt.

An Ihren Genen können Sie (derzeit noch) nachträglich nichts mehr ändern, aber alles, was sich durch Prägung, also Lernen und Erfahrung entwickelt hat, können Sie selbstverständlich beeinflussen – und das scheint der überwältigend größere Teil zu sein. Was man gelernt hat, kann man auch wieder verlernen beziehungsweise neu lernen.

Lernen geschieht auf vielen verschiedenen Ebenen. Um in die Fülle an Ursachen für perfektionistische Verhaltensweisen etwas Ordnung und Struktur zu bringen und innere Zusammenhänge und Abhängigkeiten zu verdeutlichen, nehmen wir das Modell der logischen Ebenen der Persönlichkeit von Robert Dilts zu Hilfe. Es ist sehr nützlich, um Erkenntnisse über sich selbst zu verarbeiten, sich das Zusammenspiel qualitativ unterschiedlicher Ebenen zu verdeutlichen und den Hebel zur Veränderung an der richtigen Stelle ansetzen zu können.

Am besten schauen wir uns das Modell einmal kurz an, ehe wir damit die Ursachen des Perfektionismus näher beleuchten.

Die erste, unterste Ebene der Umwelt umfasst alles, was uns »äußerlich« betrifft und auf uns einwirkt: Räumlichkeiten, Wetter, Lärm, Beleuchtung, Raumtemperatur, Kontakt mit anderen, geeignete Mittel und Ansprechpartner, Finanzen, Regeln und Richtlinien, Möglichkeiten und Handlungsspielräume und so weiter. Diese Umweltfaktoren wirken auf den Menschen ein und erschweren oder erleichtern seine Entwicklung oder seine Vorhaben. Die Fragen, die auf die Umweltebene zielen, lauten: Wo? Wann? Mit wem? Was? Welche Personen?

Die nächste Ebene ist die Verhaltensebene, die die Gesamtheit aller beobachtbaren Verhaltensweisen umfasst: alles, was der Einzelne oder eine Gruppe tut oder unterlässt. Ziele festlegen, Maßnahmen planen, Aufgaben verteilen, die Wohnung putzen, jemandem zum Geburtstag gratulieren, ein Dokument auf dem PC schreiben, ... Die Fragen auf dieser Ebene lauten: Was tue ich? Was sind die Verhaltensweisen, die Erfolg bringen? Was fehlt noch im Verhaltensrepertoire?

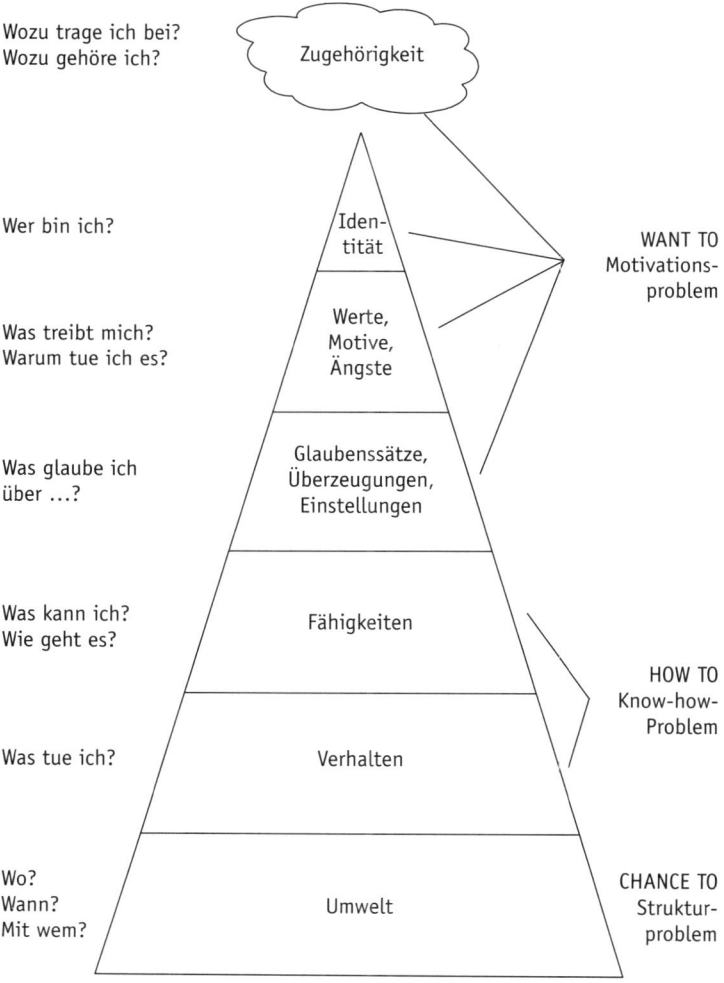

Wozu trage ich bei?
Wozu gehöre ich?

Zugehörigkeit

Wer bin ich?

Iden-
tität

WANT TO
Motivations-
problem

Was treibt mich?
Warum tue ich es?

Werte,
Motive,
Ängste

Was glaube ich
über ...?

Glaubenssätze,
Überzeugungen,
Einstellungen

Was kann ich?
Wie geht es?

Fähigkeiten

HOW TO
Know-how-
Problem

Was tue ich?

Verhalten

Wo?
Wann?
Mit wem?

Umwelt

CHANCE TO
Struktur-
problem

Die logischen Ebenen der Persönlichkeit und die drei Problemarten

Damit ein bestimmtes Verhalten überhaupt gezeigt werden kann, müssen gewisse Fähigkeiten und Strategien vorhanden sein, die zur Ausübung notwendig sind. Zur Benutzung einer Textverarbeitung müssen Sie wissen, wie man einen PC und dieses spezielle Programm bedient. Daher hängen diese Ebenen sehr eng zusammen. Wenn die entscheidenden Fragen auf der Verhaltensebene mit »Was« beginnen, dann beginnen die Fragen auf der Ebene Fähigkeiten mit »Wie«. Wie geht das? Wie macht man das? Welche Fähigkeiten braucht man dazu? Welche sind schon vorhanden, welche müssen noch erworben werden?

Auf den bisherigen unteren Ebenen sind Veränderungsprozesse relativ schnell in Gang zu setzen. Die nun folgenden oberen Ebenen beginnen mit den Überzeugungen/Einstellungen und reichen über die Ebenen Werte und Identität bis zur Zugehörigkeit. Je höher Sie in der Pyramide steigen, desto gravierender oder weitreichender sind die Lern- und Veränderungsprozesse – aber auch langfristiger und nicht so leicht zu initiieren.

Wenn es darum geht, die eigene Einstellung zu bestimmten Themen zu verändern, lassen sich immer viele Gründe finden, die die eigene Meinung bestätigen und somit einer Einstellungsänderung im Wege stehen. Überzeugungen und Einstellungen reifen im Lauf unseres Lebens in uns heran, werden immer wieder bestätigt und enden meist in einem subjektiven Gefühl der Richtigkeit – wir »wissen«, dass unsere Überzeugung stimmt. Leider haben andere Menschen häufig zum selben Thema eine völlig andere Überzeugung – und »wissen« genauso sicher wie wir, dass die ihrige stimmt.

Zudem haben viele unserer Überzeugungen die Wirkung einer sich selbst erfüllenden Prophezeiung – wir filtern die Informationen und Erlebnisse aus, die unserer Überzeugung widersprechen könnten, und sehen uns somit immer wieder bestätigt. Wir haben sozusagen eine gefärbte Brille als Wahrnehmungsfilter auf der Nase: Wenn Sie verliebt sind, wird diese Brille rosarot sein und Ihnen Ihren Partner als makellosen Traumprinzen präsentieren; bei Ihrer Lieblingsfeindin wird sie hingegen pechschwarz gefärbt sein und an dieser impertinenten Person kein gutes Haar lassen. Mit einer solchen subjektiven Überzeugung lassen sich bekanntlich Berge versetzen – wohl jeder leidenschaftliche Künstler wurde von ihr beseelt, selbst wenn sich der Erfolg zu seinen Lebzeiten nie einstellte; aber auch jeder Terrorist, der um der »guten« Sache Willen sein eigenes Leben und das anderer Personen opferte. Eine negative Einstellung kann uns jahrelang, ja ein Leben lang blockieren. Wenn Sie zu einem bestimmten Lernthema eine negative Überzeugung oder gar Angst davor haben, werden Sie sich sehr schwer tun, dort Fortschritte zu machen. Nur wenn Sie davon überzeugt sind, dass es Sinn macht beziehungsweise möglich ist, diese Fähigkeit zu erwerben, werden Sie sich auch mit der nötigen Motivation darauf stürzen. Die Schlüsselfragen für diese Ebene lauten: Woran glaube ich? Wovon bin ich überzeugt? Wie, glaube ich, funktioniert etwas? Was ist richtig, was ist falsch?

Hinter allen Überzeugungen und Einstellungen stehen Werte, Bedürfnisse, Ängste und Motive – die Ideen, Ideale oder Begriffe, die uns wichtig sind, nach denen wir streben und für die wir Zeit, Energie und Geld aktiv einsetzen, um sie zu erlangen oder zu vermeiden. Die Erfüllung oder Nichterfüllung Ihrer Werte löst starke positive oder negative Emotionen aus, von Euphorie bis hin zu Panik oder Depression. (Ängste sind sozusagen negativ repräsentierte Werte: Hinter der Angst vor Veränderung zum Beispiel steht oft das Bedürfnis nach Sicherheit.) Ihre Werte geben Ihnen Orientierung, Halt und eine tragfähige Entscheidungsgrundlage und ermöglichen Ihnen die Erfahrung von Sinn, wenn Sie gemäß Ihrer Werte leben und sie verwirklichen können. Sinn aber lässt sich weder beweisen, allgemein gültig festlegen noch erzwingen; Sinn ist eindeutig subjektiv. Wenn nun Werte einen so hohen Stellenwert und Einfluss auf Sie haben, dann ist es von größter Bedeutung, dieser Tatsache Rechnung zu tragen und die Wertorientierung bei Ihrer Lebensgestaltung zu berücksichtigen. Die Fragen nach den Werten könnten lauten: Was will ich letztendlich erreichen oder vermeiden? Was steckt hinter meinen ganzen Anstrengungen? Welchen Sinn hat das für mich? Was motiviert/ängstigt mich an diesem Ziel? Warum tue ich etwas?

Die Identitätsebene ist sozusagen eine Zusammenfassung der unteren Ebenen zu einem bestimmten Thema, in einem bestimmten Kontext. Wie lautet meine Aussage über mich selbst in diesem Zusammenhang? Wer bin ich, wer glaube ich zu sein?

Auf der Identitätsebene findet sich ein hohes Maß an Kontinuität, da ein Identitätswechsel, der ebenso leicht vollzogen würde wie ein Wechsel der Verhaltensweisen, fast schon bedenklich, ja schizophren wäre. Unsere Identität – selbst wenn sie sich nur auf einen bestimmten Kontext bezieht – ist üblicherweise von einer großen Stabilität, die uns selbst, aber auch unseren Mitmenschen eine gewisse Orientierung erlaubt. Wir brauchen im Umgang mit uns selbst und mit anderen ein gewisses Profil und erkennbare Konturen. Identität vermittelt ebenfalls existenzielle Sicherheit und bedeutet, sich in seiner Individualität zu erkennen und sich von anderen zu unterscheiden, sich zu profilieren.

Trotz dieser Dauerhaftigkeit der Identitätsebene ist es natürlich möglich, seine Identität im Lauf der Zeit zu ändern oder zu ergänzen. Wir alle hatten als Kinder oder Jugendliche ein anderes Bild von uns selbst, als wir es jetzt als Erwachsene mit anderen Lebenserfahrungen und einem anderen Horizont haben. Allerdings sollte dieser Prozess der neuen Selbstfindung und Selbstdefinition nicht zu abrupt und schnell erfolgen (obwohl das manchmal nach einschneidenden Erlebnissen durchaus der Fall ist), da wir in diesem Fall uns und unsere Umwelt in große Verwirrung stürzen würden und die Anforderungen an die Anpassungsfähigkeit zu massiv wären.

Die letzte Ebene der Zugehörigkeit birgt die Antworten auf die Fragen: »Wovon bin ich ein Teil? Wem, welcher größeren Gruppe fühle ich mich zugehörig? Welche Vision eines größeren Ganzen habe ich? Gibt es etwas jenseits meiner selbst, für das ich mich einsetze?«

Die meisten Menschen fühlen sich einem größeren Ganzen zugehörig – sei es eine Religion, ihre Familie, eine Partei, eine Weltanschauung, eine Firma, ein Verein oder Club oder eine geistige Richtung. Es scheint dem Wesen des Menschen immanent zu sein, sich selbst und seine Einstellungen/Vorstellungen in anderen Menschen zu suchen und wiederzufinden. Nur wenige werden wahrhaft glücklich, ohne sich auf irgendeine Art und Weise anderen zugehörig zu fühlen – und sei es aus der Distanz. Daher kann das Gefühl der Zugehörigkeit das Wohlbefinden und Glück eines Menschen sehr stark beeinflussen. Eines der größten Probleme unserer Zeit resultiert ja daraus, dass es den Menschen zunehmend schwerer fällt, für sich eine erfüllende Zugehörigkeit zu finden und sie sich dann mit »Ersatzzugehörigkeiten« in suspekten Vereinigungen zufrieden geben müssen.

Die Gruppe, der wir uns zugehörig fühlen, hat eine deutliche Auswirkung auf unsere Lebensfreude, unsere Einsatzbereitschaft und unseren Erfolgs- und Leistungswillen. Je nach den Idealen, die diese Gruppe vorschreibt – implizit oder explizit –, setzen wir uns für die unterschiedlichsten Dinge ein; entwicklungsfeindliche oder entwicklungsfreundliche.

Wenn Sie an »Ihre Gruppe« (seien es die Intellektuellen, die modernen Familienväter oder -mütter, die Religiösen, die Kollegen, die Mitglieder des XY-Vereins etc.) denken, was fällt Ihnen als Erstes ein? Wenn Sie jemand nach Ihrer Zugehörigkeit fragt, antworten Sie gern oder fühlen Sie sich eher unwohl? Fällt es Ihnen schwer oder leicht, diese Gruppe oder Idee zu repräsentieren? – Diese Fragen können Ihnen helfen, Ihr eigenes Zugehörigkeitsgefühl zu beleuchten.

Bevor wir den Ursachen des Perfektionismus näher auf den Grund gehen, noch ein paar Überlegungen zur Lösung von Problemen und der Schnelligkeit von Veränderungen. Die Pyramidenform für dieses Modell wurde nicht willkürlich gewählt, sondern es lässt sich eine gewisse Hierarchie unter den Ebenen feststellen. Nehmen wir einmal an, bei Ihrem wohlverdienten Urlaub in

Ägypten haben Sie leider Pech und werden von räuberischen Be-
duinen gegen ein paar Kamele an einen Scheich verkauft, um dessen Harem zu zieren – eine radikale Veränderung auf der Umweltebene also. Sicherlich werden Sie zwangsweise sehr schnell
lernen, welche Verhaltensweisen und Fähigkeiten von nun an von
Ihnen verlangt werden, um in Ihrer neuen Umwelt zurechtzukommen, aber die Änderung Ihrer Einstellungen, Werte bis hin
zu einer neuen Identität – »Ich bin eine Haremsdame« – dürfte
lange auf sich warten lassen oder gar niemals erfolgen. Einflüsse
auf den unteren Ebenen wirken sich also nur sehr langsam auf die
oberen aus. Diese leidvolle Erfahrung machen derzeit übrigens
viele Unternehmen: Die wirtschaftliche Umwelt hat sich durch
Globalisierung und verstärkte Betonung der Shareholder Values
stark verändert. Die Mitarbeiter sollen daher unternehmerisch
mitdenken und eine hohe Kundenorientierung zeigen. Ihre eigenen Erfahrungen mit manchen traditionellen, ehemals staat-
lichen Unternehmen werden Ihnen leider gezeigt haben, dass
diese Neuorientierung häufig bei einer schicken Grußformel am
Telefon aufhört und sich ansonsten in den Köpfen der Mitarbeiter offensichtlich noch nicht viel verändert hat.

Umgekehrt geht es viel schneller. Stellen Sie sich vor, Sie haben
freiwillig eine neue Identität hinzugewonnen: Sie werden Mutter. In diesem Fall werden sich alle darunterliegenden Ebenen
sehr schnell ändern. Sie werden Ihre Werte neu sortieren (Ihre
berufliche Karriere wird wahrscheinlich von Platz eins nach
hinten rutschen), Sie werden Ihre Einstellungen und Glaubenssätze überprüfen (»Rauchen macht Spaß« wird zu »Rauchen
ist schädlich«), und zum Wohle Ihres Babys werden Sie neue

Fähigkeiten und Verhaltensweisen entwickeln bis hin zu einer Umgestaltung Ihrer Umwelt (welches Zimmer eignet sich als Kinderzimmer?). Je weiter oben eine Veränderung stattfindet, desto schneller sind Sie bereit, sich auf allen darunterliegenden Ebenen zu verändern.

Wegen dieser Zusammenhänge ist es so wichtig, die Ursache für ein Problem genau zu lokalisieren – Sie können es nämlich nur auf derselben Ebene oder darüber lösen. Leider ist das vielen Menschen nicht bewusst, und sie wundern sich, dass sie manche Dinge trotz größter Anstrengungen nicht in den Griff bekommen. Denken Sie zum Beispiel an das Thema Teamorientierung. Viele Unternehmen haben diese zum erstrebten Ziel erklärt und schicken nun alle ihre Mitarbeiter und Führungskräfte auf entsprechende, oft sehr teure Seminare. (Die meisten – schlechten – Seminare arbeiten nur auf den Ebenen der Verhaltensweisen und Fähigkeiten.) Hoch motiviert kommen die Mitarbeiter von den Veranstaltungen zurück und wollen nun so richtig loslegen. Ihr Know-how-Problem ist gelöst – sie wissen jetzt ganz genau, wie man erfolgreich im Team arbeitet (was sie übrigens unter Umständen vorher auch schon wussten). Trotzdem hat sich Monate später immer noch nichts geändert, und die Mitarbeiter sind frustrierter als vorher. Warum? Nun, man hat die anderen Ebenen ausgeblendet. Weder wurde im Unternehmen die Organisation geändert, um Teamarbeit zu unterstützen – ein Strukturproblem auf der Umweltebene –, noch hat sich durch das Verhaltenstraining in den Köpfen der autoritären Führungskräfte irgendetwas geändert – ein Motivationsproblem auf den oberen

Ebenen. Leider haben die ganzen aufwändigen Trainingsmaß-
nahmen daher vielleicht nicht unbedingt das falsche, aber auf
jeden Fall nicht die wahren Probleme gelöst. Verhaltensdrill
nützt gar nichts, wenn die neuen Verhaltensweisen nicht mit
Ihren Einstellungen und Werten übereinstimmen!

O je, sagen Sie, es hilft also gar nichts, wenn ich mir einfach
nur vornehme, mich nicht mehr so perfektionistisch zu verhalten? Stimmt. Aber seien Sie versichert, wir werden Ihnen etliche
Methoden an die Hand geben, wie Sie an Ihrem Selbstverständnis, Ihren Werten und Einstellungen arbeiten können – und das
gezielt, dauerhaft und effizient! Mehr dazu ab Seite 47.

Die Ursachen für Perfektionismus können also auf jeder
Ebene liegen – und um ihn wirksam zu dämpfen, muss man
jeweils gezielt dort ansetzen. Machen Sie bei der folgenden bei-
spielhaften Übersicht doch eine persönliche Bestandsaufnahme (am besten schriftlich), welche Ursachen bei Ihnen zutreffen könnten.

Ebene Umwelt
- Durch die Rezession hoher Druck der Wirtschaft: Gewünscht
  wird der perfekte Mitarbeiter.
- Ebenfalls hoher Druck durch in den Medien propagierte ge-
  sellschaftliche Idole und Ideale.
- Einfluss perfektionistischer Eltern und anderer Modelle, die
  bei Nichterreichung von Perfektion mit Liebesentzug, mangelnder Anerkennung oder Zwang und Strafe reagiert haben.
- Seelische Vernachlässigung oder gar Missbrauch in der Kindheit.

- Zu wenig Orientierung durch übertrieben antiautoritäre Erziehung.

Ebenen Verhalten und Fähigkeiten
- Es wurden nur perfektionistische Fähigkeiten und Verhaltensweisen belohnt und daher auch nichts anderes gelernt.

Ebene Einstellungen und Glaubenssätze
- Die feste Überzeugung, dass nur das Perfekte und Vollkommene zählt und Durchschnitt nicht ausreicht, um von sich oder anderen anerkannt und geliebt zu werden.

Ebene Werte, Motive und Ängste
- Perfektion und Vollkommenheit als eigenständige Werte (äußerst selten).
- Perfektion als Mittel zum Zweck, um Ängste zu meistern: Angst vor Ablehnung, mangelnder Anerkennung, Blamage, Kontrollverlust, falschen Entscheidungen und sonstigen Fehlern.

Ebene Identität
- Mangelndes Selbstwertgefühl/Minderwertigkeitskomplexe werden durch Perfektionismus kompensiert: Ich bin unvollkommen und daher nicht liebenswert.
- Nur perfekt bin ich einzigartig.

Ebene Zugehörigkeit
- Regeln und Zugangsschranken begehrter Gruppen: In die Clique werden nur perfekt gestylte Personen aufgenommen etc.

- Wunsch nach Familien-/Firmenzugehörigkeit: Bei uns machen das alle so.

Behalten Sie bitte Ihre erste Bestandsaufnahme im Kopf – im folgenden Abschnitt hilft Ihnen ein Fragebogen, genauer herauszufinden, wie und wo sich Ihr Perfektionismus zeigt.

Wie perfekt wollen Sie sein? – Ein Fragebogen

So, jetzt ist Ihre perfekte Ehrlichkeit gefragt. Sie finden auf den nächsten Seiten eine Sammlung von Aussagen. Lesen Sie jede durch und kreuzen Sie an, ob Sie dieser Aussage zustimmen oder nicht. Dabei kommt es nicht auf die wörtliche Formulierung an, sondern auf die Tendenz der Aussage. Wenn Sie sich also inhaltlich in etwa damit identifizieren können, machen Sie Ihr Kreuz bei *stimmt*.

Es gibt übrigens drei Möglichkeiten, so einen Fragebogen auszufüllen. Erstens, Sie füllen ihn so aus, wie Sie gerne wären. Zweitens, Sie kreuzen ihn so an, wie andere Sie gerne hätten. Und drittens, Sie kreuzen so ehrlich wie möglich an, wie Sie derzeit sind. Wir raten Ihnen zu der dritten Variante! Hilfreich dabei ist, nicht drei Tage über einem Statement zu brüten, sondern dort Ihr Kreuz zu machen, wo Ihr Finger intuitiv hinzuckt. Trauen Sie ruhig Ihrem Gefühl!

Fragebogen: Wie perfekt wollen Sie sein?

	stimmt	stimmt nicht
A perfect body		
Gutes Aussehen ist das Einzige, was zählt.		
Komplimente sind doch bloß Lügen.		
Sport ist Pflicht, egal, ob es Spaß macht oder nicht.		
Man muss konsequent und hart mit sich selbst sein.		
Nur wer immer perfekt gestylt ist, wird anerkannt.		
Ich muss das Idealgewicht erreichen.		
Schönheitsoperationen helfen der Natur nur ein wenig nach.		
Wenn ich nicht perfekt aussehe, fühle ich mich nicht wohl.		
Vorbilder sind dazu da, dass man ihnen nacheifert.		
Eine perfekte Figur ist eine Frage der Disziplin.		

	stimmt	stimmt nicht
Ich muss mein Äußeres und mein Gewicht immer unter Kontrolle haben.		
Die innere Stimme – so ein Quatsch!		
Perfekt im Job		
Nur wenn man immer perfekte Leistung bringt, kommt man weiter.		
Ich muss – egal was ist – immer alles schaffen.		
Weniger als 100 Prozent bedeutet völliges Versagen.		
Ich bin dafür verantwortlich, dass alles klappt.		
Alles ist machbar, man muss sich nur genug anstrengen.		
Ich bin nicht so gut, wie ich sein müsste.		
Fehler sind unverzeihlich.		
Inkompetenz und Dummheit machen mich wahnsinnig.		
Nur fehlerlose Leistung wird anerkannt.		

	stimmt	stimmt nicht
Neinsagen geht nicht – wer wirklich will, kann immer noch ein bisschen mehr.		
Teamarbeit bremst mich aus.		
Es gibt immer eine optimale Lösung.		
Perfekte Beziehung(en)		
Natürlich gibt es den echten Märchenprinzen!		
Liebe und Zuneigung gibt es nur unter Bedingungen.		
Ich weiß genau, wie mein Traumpartner aussehen muss.		
Ich beurteile Menschen zuallererst nach dem Äußeren.		
Perfekte Kinder sind das Produkt konsequenter Erziehung.		
Mein Kind soll die Chancen bekommen, die ich nie hatte.		
Kinder brauchen klare Zielvorgaben für ihr Leben.		
Was Hänschen nicht lernt, lernt Hans nimmermehr.		

	stimmt	stimmt nicht
Geduld zählt nicht unbedingt zu meinen Stärken.		
Ich denke oft darüber nach, was ich in meinem Leben besser anders gemacht hätte.		
Nur eine perfekte Frau findet einen Partner.		
Fehler darf man auch in Beziehungen nicht machen.		
Der perfekte Haushalt		
In meinem Haushalt muss alles porentief rein sein.		
Haushalt ist immer noch überwiegend Frauensache.		
So gut und gründlich wie ich macht es eh keiner.		
Ein perfekter Haushalt ist eine Frage der richtigen Organisation.		
Was sein muss, muss sein.		
Unordnung macht mich wahnsinnig.		
Ein bisschen sauber und ordentlich gibt es nicht.		

	stimmt	stimmt nicht
Ich hasse Oberflächlichkeit und Hudelei.		
Ich kann mich nicht entspannen, wenn der Haushalt nicht picobello ist.		
Aufgeschoben ist so gut wie aufgehoben!		
Bis ich eine Hausarbeit delegiert habe, habe ich sie auch schon selbst erledigt.		
Ich kann mich nicht auf meine Arbeit konzentrieren, wenn im Haushalt nicht »Klarschiff« herrscht.		
Perfekte Freunde, perfekte Freizeit		
Nur wer tolle Freunde hat, ist wirklich beliebt.		
Man muss sich an seinen Freundeskreis anpassen.		
Pläne sind dazu da, dass man sie einhält.		
Für Gäste muss man sich immer richtig ins Zeug legen.		
Unangemeldeter Besuch ist eine Katastrophe.		

	stimmt	stimmt nicht
Die Wünsche meiner Freunde sind mir heilig.		
Heutzutage muss man eine angesagte Sportart betreiben.		
Nur wer bei jedem Thema mitreden kann, wird anerkannt.		
Ich muss immer und überall mithalten können.		
Zeit zum Ausruhen habe ich auf dem Friedhof noch genug.		
Ich muss über alle Themen immer auf dem neuesten Stand sein.		
Sehen und gesehen werden – anders kommt man nicht weiter.		

Je mehr Aussagen Sie zugestimmt haben, desto ausgeprägter ist Ihr Perfektionismus in diesem Lebensbereich. Aber das soll ja nicht so bleiben! Schauen Sie sich doch zuerst die Kapitel 3 und 4 an, um die Grundlagen für eine Veränderung zu schaffen. Und anschließend das wahre Leben! In den Kapiteln 5 bis 9 finden Sie konkrete Anregungen, wie Sie Ihr Leben entperfektionieren können. Natürlich können Sie diese Kapitel von vorn bis hinten durcharbeiten oder einfach mit dem Lebensbereich beginnen, in dem Ihr Perfektionismus am stärksten ausgeprägt ist.

3 Jedes Ding hat zwei Seiten

Auch wenn Sie manchmal unter Ihrem Perfektionismus leiden, ist Ihnen natürlich klar, dass er – situativ und themenbezogen sinnvoll eingesetzt – auch viele Vorteile haben kann. Wie bei allen Dingen kommt es auf die Betrachtungsweise und die Dosierung an, ob etwas nützlich oder schädlich ist. Machen Sie sich ruhig noch einmal bewusst, welche Potenziale grundsätzlich in Ihrem Perfektionismus schlummern, wenn Sie ihn erst einmal perfekt kontrollieren! Nachfolgend beide Enden der Skala: Mögliche Stärken, aber auch eventuelle Schwächen voll ausgelebt.

Mein Arzt ist Perfektionist – Gott sei Dank!

Verständlicherweise ist es Ihnen lieber, wenn Ihr Arzt bei seiner Arbeit einen starken Hang zum Perfektionismus hat, der ihn davor bewahrt, bei einer Operation die Hälfte seiner Instrumente in Ihnen zu vergessen, sodass Sie bei der Durchleuchtungskontrolle am Flughafen zukünftig immer Schwierigkeiten haben werden. Auch bei einem Hersteller von Autobremsen ziehen Sie es vor, wenn er seine Messlatte nicht bei 98 Prozent anlegt, sondern auf 100 Prozent besteht. Die Stärken eines gezielt und dosiert eingesetzten Perfektionismus sind vielfältig: Sie sind ein ordentlicher und zuverlässiger Mensch, der eine begonnene Aufgabe kompetent, qualitativ fundiert und fehlerfrei zu Ende führt. Oberflächlich geschludert wird bei Ihnen nicht! Daher können Sie sehr eigenständig arbeiten, da bei Ihnen die Kontrolle der Arbeitsergebnisse durch den Chef gar nicht nötig ist.

Sie haben ein gut ausgeprägtes analytisches Denkvermögen, behalten den Überblick und haben ein scharfes Auge für Ungereimtheiten und Verbesserungspotenziale. Ihr gesunder Ehrgeiz und Ihre hohe Eigenmotivation machen Sie zu einer engagierten Mitarbeiterin oder selbstständigen Unternehmerin. Standhaft, beständig, konsequent und planvoll lassen Sie sich nicht so leicht beirren und verteidigen eine Sache, die Sie für gut und sinnvoll befunden haben. Sie denken gründlich über etwas nach und bilden sich dann ein klares Urteil darüber. Aufgrund dieser Konsequenz sind Sie im positiven Sinne berechenbar, verlässlich und frei von ständig wechselnden Launen. Ihre Prinzipientreue bewahrt Sie davor, in Momenten der Versuchung schwach zu werden und umzufallen.

Was sein muss, muss sein – die Fähigkeit zur Selbstüberwindung und Selbstdisziplin gehört auch zu Ihren Stärken. In Besprechungen und Konflikten bleiben Sie auch bei kniffligen Punkten sachlich und vernünftig, behalten das zu lösende Problem im Fokus und achten auf eine zielorientierte Diskussion, damit man sich nicht in Geschwafel und persönlichen profilneurotischen Scharmützeln verliert.

Ihre hohen Erwartungen wirken wie eine sich selbst erfüllende Prophezeiung; nur wer Großes von sich erwartet, leistet auch Großes. Ihre gesunde Selbstkritik und ein ausgeprägter Realismus, gepaart mit einem hohen Verantwortungsbewusstsein und angemessener Vorsicht, bewahren Sie dabei vor einem Abgleiten in den Größenwahn.

Ehe Sie sich jetzt hoch zufrieden auf die Schulter klopfen und sich im Bewusstsein sonnen, eine rundum großartige Person zu sein, werfen Sie doch einen kurzen Blick auf die etwas unangenehmeren Potenziale Ihres Perfektionismus, wenn Sie ihn noch nicht gebremst haben, sondern ihn hemmungslos und allumfassend zum Zuge kommen lassen – Sie werden einige Dinge wiedererkennen, bei denen Sie seufzend mit dem Kopf nicken und sich eingestehen, dass Sie diese Seite der Medaille wahrlich nicht als hilfreich empfinden.

Alle Tassen wieder im Schrank – mit Henkel nach rechts!

Sie werden unruhig, wenn nicht alle Ihre Pullover normgefaltet und nach Farben sortiert gleichmäßige Stapel im Schrank bilden? Bei Ihnen stehen die Tassen tatsächlich alle mit dem Henkel nach rechts auf dem Regalbrett? Seit Jahren verzweifeln Sie daran, dass es Gegenstände wie Socken oder Büroklammern ohne klare geometrische Form gibt, die sich einfach nicht gescheit aufbewahren lassen? Sie hassen Überraschungspartys? Wenn Sie sich einmal eine feste Meinung gebildet haben, sind Sie stur wie ein Betonklotz? Sie führen den Qualitätskreuzzug an und werden jeden noch so kleinen Fehler in diesem Universum unerbittlich verfolgen und ausmerzen?

Wenn Sie es übertreiben, wird aus Ordnung Pedanterie, Planung mutiert zu detailversessener, unflexibler Überplanung, Standhaftigkeit entwickelt sich zu Sturheit und Eigensinn. Aus Ihrem Verbesserungsbedürfnis wird Optimierungszwang; das Prinzip steht ohne Ausnahme oder Berücksichtigung mildernder Umstände immer über dem Einzelfall; ein Tippfehler ist kein Fehler mehr, sondern eine unverzeihliche Katastrophe; sinnvolle Qualitätskontrolle ist einem ausgeprägten Kontrollzwang gewichen. Ihr Ehrgeiz hat rigide und rücksichtslose Züge angenommen. Das Pensum und die Qualität, die Sie von sich und anderen verlangen, sind unrealistisch und unmenschlich hoch, daher sind Sie dauernd unzufrieden, hadern mit sich selbst und treiben alle unerbittlich an – auf Kosten von Sensibilität und emotionaler Rücksichtnahme.

Da immer alles perfekt sein muss, setzen Sie keine Prioritäten und kommen häufig in Stress und Zeitnot. Auch bei Kleinigkeiten fahren Sie mehrere Kontrollschleifen und verlieren sich in unwichtigen Details. Delegieren ist nicht Ihr Ding, da ein anderer es längst nicht so perfekt erledigen kann, wie es Ihnen vorschwebt. Daher tun Sie sich auch bei Teamarbeit schwer, demokratisches Mittelmaß zu akzeptieren. Überhaupt ist Toleranz nicht Ihre Stärke.

Wenn Sie einmal entschieden haben, was richtig und falsch, schwarz oder weiß ist, gibt es bei Ihnen keine Grautöne und subjektiven Wahrheiten mehr. Sie handeln und urteilen immer nach der Devise »Ganz oder gar nicht«: 99 Prozent sind eben nun mal keine 100 Prozent und müssen somit als gescheitert angesehen werden; nicht die volle Wahrheit ist auch eine Lüge.

Wurschteln oder Erbsenzählen

Wahrscheinlich leben Sie weder alle Stärken noch alle Schwächen Ihres Perfektionismus voll aus, sondern bewegen sich auf der Skala irgendwo zwischen den Extremen. Ein sinnvolles Ziel ist es natürlich, Sie nicht mit Gewalt vollkommen von Ihrem Perfektionismus kurieren zu wollen (kein »Ganz-oder-gar-nicht-Ansatz«!), sondern Ihnen vielmehr Ideen und Methoden an die Hand zu geben, wie Sie lernen können, Ihren perfektionistischen Hang differenziert und situationsangepasst auszuleben. Sie wollen angemessene Unterscheidungen treffen, wann es absolut erstrebenswert ist, eine Arbeit so perfekt wie möglich zu erledigen, wann Sie aber auch einmal mit 70 Prozent völlig zufrieden sein können. Dieses Unterscheidungsvermögen erhöht Ihre Flexibilität, eröffnet Ihnen wieder mehr Wahlmöglichkeiten in Ihrem Verhaltens- und Reaktionsrepertoire, verringert deutlich Ihre Stressbelastung und verhilft Ihnen zu mehr Lebensqualität und mehr Lebensfreude.

Um diese Vision wahr werden zu lassen, sollten Sie als Erstes einmal Ihr Bild Ihres Perfektionismus ändern und ihn als das sehen, was er ist: kein Feind, sondern ein guter und hilfreicher Freund, der sich in der Vergangenheit leider ein bisschen zu oft in Ihr Leben eingemischt hat. Sie wollen ihn als guten Freund behalten und nur mit ihm aushandeln, wann er das Sagen hat und wann auch einmal das Prinzip des Laisser-faire an der Reihe ist. Auf diese Weise haben Sie schon den ersten Schritt zu einer Einstellungsänderung und zum Wechsel von Widerstand zu Akzeptanz getan. (Widerstand nützt dauerhaft nichts: Sicher haben Sie in der Vergangenheit schon mehr oder weniger erfolglos probiert, Ihren Perfektionismus mit schierer Willenskraft und roher Gewalt niederzuringen.) Werden Sie sich Ihrer vielleicht unangenehmen Gefühle zu diesem Thema wieder bewusst, lassen Sie sie zu und gestehen Sie sich ruhig verborgene oder verdrängte Ängste und Befürchtungen ein – Sie sind damit in bester Gesellschaft: Jeder gesunde Mensch hat solche Ängste und Befürchtungen. Ein Mensch ohne diese Gefühle ist entweder krank oder noch nicht geboren.

Sie lernen in den nächsten Kapiteln viele Beispiele, Methoden und Instrumente kennen, die Ihnen bei Ihrer persönlichen

Weiterentwicklung helfen können. Anhand des Pyramidenmodells der persönlichen Ebenen werden wir Ihnen von oben nach unten verschiedene Ansätze zur Veränderung anbieten. Manche erfordern von Ihnen viel Ehrlichkeit, ein bisschen Geduld und Disziplin sowie die Fähigkeit, beim Ausprobieren zeitweise auch einmal etwas ungewohnte und damit unangenehme Gefühle auszuhalten. Jede Veränderung und alles Neue haben neben der spannungsvollen und neugierigen Erwartung auch einen kleinen Beigeschmack von Ungewissheit und Furcht. Lassen Sie sich davon nicht abhalten, Ihren neuen Verhaltens- und Denkweisen eine Chance zu geben, genauso vertraut zu werden wie Ihre bisherigen!

Zusätzlich möchten wir Ihnen natürlich all die kleinen Mogel- und Wurschteltipps und -techniken nicht vorenthalten, mit denen Sie auf die Schnelle ein präsentables Ergebnis erzielen können. Bluffen und Durchmogeln kann zudem – wir müssen es zugeben – sehr viel Spaß machen! Und das ist ja mit der wichtigste Punkt beim Lernen und Ausprobieren: zusätzlich eine Menge Spaß zu haben – sonst macht man es ja doch nicht!

4   Der Weg zur Schlampine

Sie sind fest entschlossen, Ihren Perfektionismus endlich zu zähmen und auf ein menschliches, normales Maß zurückzustutzen? Gut so! Schauen Sie sich zuerst einmal die oberen Ebenen der Pyramide an und hinterfragen Sie Ihre Zugehörigkeiten, Ihr Selbstbild, Ihre Werte und Ihre Glaubenssätze – und beginnen Sie da, wo Sie nicht zufrieden sind, mit Ihren Veränderungen. Setzen Sie Ihre Prioritäten neu, um ein weniger perfektes, aber stressfreieres und erfüllteres Leben zu führen!

Dazu werden Sie wie ein Arzt oder Therapeut zuerst einmal eine genaue Diagnose erstellen, um dann im zweiten, größeren Schritt die für Sie maßgeschneiderte Therapie zu entwickeln. Konkret gliedert sich dieser Prozess in die folgenden Abschnitte:

1. Bestimmen der eigenen Werte und ihrer Rangfolge
2. Analyse der derzeitigen Lebensgestaltung und Vergleich mit der Wertehierarchie
3. Umgestaltung und konkrete Anpassung der aktuellen Lebensführung in Richtung eines nicht perfekten, aber entspannteren und erfüllteren Lebens

Kleines Abc der Werte

Stellen Sie sich vor, Sie sitzen als VIP in einer Talkshow und werden gefragt, welches Ihre fünf wichtigsten Werte sind – was antworten Sie? Wahrscheinlich – wie bei den meisten Menschen der westlichen Welt, besonders bei den Kandidatinnen der Wahl zur Miss America – gehören der Weltfrieden, die Umwelt, Freiheit und soziale Gerechtigkeit für alle und vielleicht noch Liebe und Anerkennung dazu. Es gibt in jedem Kulturkreis ein gemeinsames Set an anerkannten Werten, die von den meisten Mitgliedern dieser Kultur akzeptiert und bis zu einem gewissen Grad auch gelebt werden und die intellektuell präsent sind. Und es gibt genauso gesellschaftlich weniger anerkannte Werte, wie persönlicher Spaß oder Macht, die wir häufig verdrängen und uns nicht wirklich eingestehen wollen. Dabei sind alle Werte a priori erst einmal völlig neutral – gut oder böse wird erst das, was wir daraus machen und was wir für ihr Erreichen zu tun bereit sind.

Sie erinnern sich: In Kapitel 3 haben wir Werte definiert als die Ideen und Vorstellungen, für die wir bereit sind, uns aktiv einzusetzen, um sie zu erlangen oder zu vermeiden. Sie bilden das Kernstück der menschlichen Persönlichkeit. Sie prägen unser Verhalten, unser Selbstverständnis, unser Bedürfnis nach Zugehörigkeit, sie beeinflussen unsere Entscheidungen und die Wahl unseres Umgangs.

Dabei handelt es sich meist um abstrakte Begriffe wie Freiheit, Liebe, Frieden, Glück, Anerkennung, Gerechtigkeit, Sicherheit, Macht, Schönheit, Ordnung und viele weitere. (Geld repräsentiert übrigens in den seltensten Fällen einen eigenständigen Wert – wie bei Dagobert Duck, der täglich ein Bad in seinen Goldtalern nimmt –, sondern garantiert die Erfüllung eines anderen Bedürfnisses oder Wertes wie Sicherheit, Freiheit oder Luxus.) Wie sich jemand die Erfüllung dieser Werte konkret vorstellt, ist sehr subjektiv: Für den einen bedeutet Liebe, pünktlich zum Hochzeitstag einen riesigen Strauß Rosen zu bekommen, für den anderen bedeutet geliebt zu werden, auch bei einer Erkältung mit roter Nase und verschwollenem Gesicht noch immer der begehrte Traumpartner zu sein. Auch die Vorstellung, auf welche Art und Weise man einen Wert erreicht, ist sehr verschieden: Sowohl die Pazifisten als auch die Militaristen nehmen für sich in Anspruch, den Weltfrieden erreichen zu wollen – in der Wahl der Mittel könnten sie allerdings nicht unterschiedlicher sein.

Häufig sind uns unsere wahren individuellen Werte nicht völlig bewusst; es gilt also, uns selbst ein wenig auf die Schliche zu kommen. Es gibt eine einfache Vorgehensweise, sich seine innersten Werte bewusst zu machen.

Wertehierarchie herausfinden

1. Schritt: Listen Sie alles auf – materielle und immaterielle Dinge –, was Sie sich in diesem Leben intensiv wünschen. Was wollen Sie wirklich unbedingt erreichen oder besitzen? Wofür würden Sie Ihren rechten Arm hergeben? Ob es ein tolles Auto, die nächste Sprosse der Karriereleiter oder ein Individualurlaub im Dschungel ist, die Erfindung eines Medikamentes gegen Aids oder die Gründung einer Partei, notieren Sie alles, was Sie wirklich gerne hätten oder einmal erleben oder tun würden.

2. Schritt: Wenn Sie Ihre Liste fertig haben, fragen Sie sich bei jedem Wunsch: Wofür steht diese Sache? Was repräsentiert sie für mich? Warum ist sie für mich so wichtig und erstrebenswert? Ein tolles Auto kann beispielsweise für Anerkennung stehen, aber auch für Abenteuer und Nervenkitzel; die Reise in den Dschungel für Vermeidung von Langeweile oder für Neugier und Wissbegierde auf Unbekanntes.

Was also bedeuten die Dinge für Sie? Stellen Sie sich zu dem jeweiligen Punkt diese Fragen so lange, bis Ihre Antwort nicht mehr aus konkreten Dingen, Aktionen oder Situationen, sondern aus einem abstrakten Wertbegriff besteht.

3. Schritt: In Ihrer Liste tauchen manche Werte – repräsentiert durch verschiedene Wünsche – unter Umständen mehrfach auf. Fassen Sie sie zusammen und schauen Sie sich nun Ihre Sammlung von wahrscheinlich fünf bis acht Werten an.

4. Schritt: In welche Rangfolge würden Sie sie bringen? Was ist das Wichtigste in Ihrem Leben, was folgt dann? Erstellen Sie nun eine Reihenfolge Ihrer Kernwerte und hinterfragen Sie sie noch einmal kritisch.

Zu jedem Wert können Sie sich folgende Fragen stellen: Gibt es den Wert A ohne den Wert B? Oder gibt es Wert B ohne den Wert A? Der Wert, den Sie sich auch ohne die Erfüllung des anderen vorstellen können, hat für Sie die höhere Priorität.

(Kopiervorlagen für Ihre eigene Bestandsaufnahme finden Sie im Anhang).

Sehen wir uns einmal ein Beispiel an: Maria, Anfang dreißig, eine ehrgeizige und beruflich erfolgreiche Frau im Finanzbereich, ist in letzter Zeit zunehmend gestresst und unzufrieden mit ihrem Leben. Sie ist beruflich sehr eingespannt, daher muss sie in ihrer knappen Freizeit viele Dinge unter einen Hut bringen: Sie pflegt einen großen Bekanntenkreis, weil sie auch bei privaten Treffen immer die Möglichkeit nützlicher Geschäftskontakte im Auge hat. Da sie zudem sehr viel Wert auf ihr Äußeres legt, investiert sie viel Zeit und Geld in Fitness, Friseurbesuche, Aktualisierung ihrer Garderobe und tägliches Styling. Ihre Wohnung, die sie nach und nach mit hochwertigen Designermöbeln eingerichtet hat, müsste sie ihrer Meinung nach auch öfter pflegen, aber dazu kommt sie nur sporadisch in Form von Mammutaktionen am Wochenende – und auch dann schafft sie nur das Allernötigste. Das entspricht nicht ihrem Anspruch und ihrem Streben nach Perfektion in allen Lebensbereichen!

Wann sie das letzte Mal ein Wochenende allein einfach nur so verträdelt hat oder einen Abend mit einem Schmöker im Jogginganzug auf dem Sofa herumlümmelte, kann sie schon gar nicht mehr sagen. Zwar nimmt sie sich solche Auszeiten immer wieder vor, aber wenn sie das Buch aufgeschlagen hat, packt sie das schlechte Gewissen, und ihr fällt eine endlos lange Liste an Dingen ein, die sie unbedingt noch erledigen müsste – das war's dann wieder mit dem entspannten Leseabend ...

Natürlich verdient sie ziemlich gut, ist bei ihren Kollegen und Chefs beliebt und respektiert, fährt zweimal im Jahr an ein Urlaubsziel ihrer Wahl und hat einen Freund, mit dem sie seit drei Jahren zusammen ist und mit dem sie selten Konflikte hat. Eigentlich müsste es dir doch gut gehen, sagen die anderen, du

bist doch in einer beneidenswerten Situation. Und dennoch ... Maria spürt, dass trotz allem irgendetwas in ihrem Leben doch nicht so ganz perfekt läuft, und will dem auf die Spur kommen. Sie reserviert sich also eine stille Stunde und macht eine Bestandsaufnahme.

Zuerst listet sie auf, was sie sich im Leben ernsthaft und intensiv wünscht:

Was ich mir wirklich wünsche	Wert	Priorität
eine Familie		
ein Haus im Grünen mit einem Garten		
ein langes Leben		
eine Topkarriere		
interessante Menschen treffen		
genug Geld für ein sorgenfreies Leben		
Einfluss, um soziale Nöte zu beseitigen		

Sie geht ihre Liste durch und fragt sich jeweils, was dieser Wunsch für sie repräsentiert. Warum ist eine Familie so wichtig für sie? Nun, sie möchte geliebt werden und selber Liebe geben, aber sie glaubt auch, dass man mit einer Familie im Alter oder in schwierigen Situationen nicht allein ist. Also Liebe und so etwas wie Geborgenheit ist es, was die Familie für sie bedeutet.

Das Haus im Grünen? Sie findet die Vorstellung schrecklich, dass ein Vermieter ihr womöglich ihr langjähriges Heim nehmen könnte – sie will sich sicher fühlen.

Ein langes Leben – hmm, das ist schwieriger. Warum ist es ihr so wichtig, alt zu werden und lange zu leben? Viele alte Menschen klagen ja sehr über die Beschwerden des Alters wie Krankheit und Einsamkeit und sagen, dass sie eigentlich kaum noch Freude am Leben haben. Maria fällt ihre Großmutter ein, die noch mit 84 Jahren eine mehrwöchige Reise nach Amerika gemacht hat – das hat sie sehr bewundert und sich gewünscht, so würde es ihr auch einmal gehen. Ihr wird klar, dass ihre Großmutter – abgesehen von ein paar kleinen Zipperlein – immer noch geistig und körperlich sehr fit und aktiv ist. Aha, Gesundheit scheint ein wichtiger Aspekt zu sein. Aber was noch? Von der Amerikareise haben ihr viele wohlmeinende Verwandte abgeraten, aber sie ließ sich wie üblich nicht beirren – sie hatte schon immer einen eigenen Kopf und machte, was sie wollte, selbst wenn andere es für verrückt hielten. Das hat Maria immer sehr beeindruckt. Die eigenen Ideen und Träume verwirklichen – genau, das ist es: Selbstverwirklichung ist ihr wichtig!

Die Topkarriere, wird Maria schnell bewusst, steht für genau das Gleiche: Wer Karriere macht, kann auf den höheren Positionen viele seiner Ideen umsetzen und sowohl Arbeitsinhalt als auch Unternehmenskultur mitgestalten.

Und die interessanten Freunde? Derzeit kennt sie zwar viele Menschen, muss sich aber eingestehen, dass sie viele davon gar nicht interessant, sondern sogar ziemlich langweilig findet, und sie nur aus beruflichen Erwägungen trifft. Aber warum ist es dann nicht verlockender, sich zum Einsiedler zu entwickeln? Interessante Menschen sind für sie Personen, mit denen sie sich über die Dinge austauschen kann, die sie wirklich bewegen, mit denen sie Spaß haben kann und die sie anregen, über manches neu nachzudenken. Was ist daran wichtig? Die persönliche Weiterentwicklung, wird ihr klar. Sie will nicht wie so manch andere irgendwann »fertig« sein und für die nächsten Jahrzehnte so bleiben. Letztendlich möchte sie Weisheit und Verständnis erlangen.

Das Thema Geld ist einfach – auch hier geht es ihr wieder um die Sicherheit, auch in schwierigen Situationen die notwendigen Mittel zur Verfügung zu haben und sich ab und zu mit einem kleinen Luxus verwöhnen zu können. Und nicht zuletzt ist es das, was sie auch anderen Menschen wünscht – in ihrem Beruf trifft sie immer häufiger auf Menschen, die in starken finanziellen und sozialen Nöten stecken, die sie meistens nicht selbst verschuldet haben; die Kinder sind ohnehin hilflos in diese Situation geraten. Deshalb würde sie gerne etwas für die soziale Gerechtigkeit tun.

Maria trägt nun ihre Werte in ihre Tabelle ein:

Was ich mir wirklich wünsche	Wert	Priorität
eine Familie	Liebe	
	Geborgenheit	
ein Haus im Grünen mit einem Garten	Sicherheit	
ein langes Leben	Gesundheit	
	Selbst-verwirklichung	
eine Topkarriere	Selbst-verwirklichung	
interessante Menschen treffen	Weisheit	
genug Geld für ein sorgenfreies Leben	Sicherheit	
Einfluss, um soziale Nöte zu beseitigen	Gerechtigkeit	

Sie betrachtet ihre Tabelle und stellt fest, dass letztendlich das Thema Geborgenheit für sie auch mit Sicherheit zusammenhängt. Nun fasst sie ihre Werte zusammen und ordnet sie neu:

Was ich mir wirklich wünsche	Wert	Priorität
eine Familie	Liebe	
eine Familie	Sicherheit	
ein Haus im Grünen mit einem Garten	Sicherheit	
genug Geld für ein sorgenfreies Leben	Sicherheit	
ein langes Leben	Gesundheit	
ein langes Leben	Selbst-verwirklichung	
eine Topkarriere	Selbst-verwirklichung	
interessante Menschen treffen	Weisheit	
Einfluss, um soziale Nöte zu beseitigen	Gerechtigkeit	

So, eine Liste mit ihren sechs wichtigsten Werten hat sie nun. Jetzt geht es um die Prioritäten. Liebe, dann Selbstverwirklichung, Weisheit, Gesundheit, Sicherheit und Gerechtigkeit. Zweifelnd betrachtet sie ihre Reihenfolge. Ist das wirklich so? Um sicherzugehen, hinterfragt sie sie noch einmal: Kann sie sich vorstellen, dass sie Liebe erlebt, aber dabei keine Möglichkeit zur Selbstverwirklichung hat? Ja, findet sie, wenn man wirklich geliebt wird und liebt, kann man die Selbstverwirklichung sogar zurückstellen. Und gibt es Selbstverwirklichung ohne Liebe? Nein, nur wenn man Liebe erfährt, kann man andere Potenziale in sich entwickeln. Okay, hier stimmt die Reihenfolge. Sie hinterfragt auf diese Weise die anderen Werte und stellt fest, dass Gesundheit für sie doch einen höheren Stellenwert hat, als sie ursprünglich dachte: Sie kann sich zwar vorstellen, auch im Krankheitsfall Liebe zu erleben, aber die anderen Werte kann sie sich ohne Gesundheit nicht vorstellen. Sie erstellt nun ihre endgültige Reihenfolge:

Was ich mir wirklich wünsche	Wert	Priorität
eine Familie	Liebe	1
eine Familie	Sicherheit	5
ein Haus im Grünen mit einem Garten	Sicherheit	
genug Geld für ein sorgenfreies Leben	Sicherheit	
ein langes Leben	Gesundheit	2
ein langes Leben	Selbstverwirklichung	3
eine Topkarriere	Selbstverwirklichung	
interessante Menschen treffen	Weisheit	4
Einfluss, um soziale Nöte zu beseitigen	Gerechtigkeit	6

Ihre zentralen Lebenswerte sind also:

1. Liebe
2. Gesundheit
3. Selbstverwirklichung
4. Weisheit
5. Sicherheit
6. Gerechtigkeit

Nachdenklich geworden betrachtet Maria ihre Liste. Ja, damit kann sie sich voll und ganz identifizieren. Es fällt ihr natürlich auf, dass Perfektion nicht zu ihren wichtigsten Kernwerten gehört, und ihr wird klar, dass ihr Streben nach Perfektion offensichtlich als Mittel zum Zweck diente, einige ihrer wahren Werte wie Sicherheit, Liebe und Selbstverwirklichung zu erlangen. Perfektion an sich ist ihr demnach nicht wichtig.

Aber was nun? Wie geht sie jetzt mit der Unzufriedenheit in ihrem Leben um? Offensichtlich fehlt noch ein weiterer Schritt: die Bestandsaufnahme ihrer tatsächlichen Lebensgestaltung. Sie greift wieder zu Stift und Papier und macht einen Realitätscheck: Wie passt ihre aktuelle Lebenssituation zu ihren Kernwerten?

Der Abgleich Ihrer Kernwerte mit Ihrer derzeitigen Lebensführung erfolgt in mehreren Schritten:

Realitätscheck

1. Schritt: Wie investieren Sie Ihre Zeit?

Verschaffen Sie sich einen Überblick, indem Sie für eine repräsentative Woche überschlagen, für welche Lebensbereiche Sie wie viel Zeit aufwenden; zum Beispiel Arbeit, Schlafen, Haushalt, Familie, Freunde, Muße, Fitness, Hobbys, Fortbildung, ehrenamtliche Tätigkeit ...

Bilden Sie jeweils größere Kategorien für die einzelnen Lebensbereiche – es geht nicht darum, auf die Minute genau alles perfekt zu erfassen, sondern einen großzügigen Überblick zu gewinnen.

2. Schritt: Wie sieht Ihre Energiebilanz aus? Welche Lebensbereiche kosten Sie viel Energie, bei welchen tanken Sie Energie auf?

(Zeit und Energie sind zwei unterschiedliche Ressourcen: Zum Beispiel verbringt ein unmotivierter Mitarbeiter zwar viel Zeit bei der Arbeit, aber er investiert so gut wie keine Energie – die investiert er in seine Position als Vorsitzender des Taubenzüchtervereins! Und das Zusammensein mit manchen Menschen kann zwar zeitlich sehr kurz sein, aber ungeheuer viel Energie kosten – Schwiegermütter und Kinder in der Trotzphase fallen häufig in diese Kategorie.)

3. Schritt: Wie investieren Sie Ihre finanziellen Mittel? Wofür geben Sie Ihr Geld aus?

Zum Beispiel Wohnen, Versicherungen, Lebensmittel, Luxus,

Kleidung, Auto, Reisen, Ausgehen, Spenden, Immobilien, Sparen, Sport ... Auch hier reichen grob geschätzte Zahlen eines repräsentativen Monats.

4. Schritt: Bewerten Sie nun diese Aufstellungen: Wo sind Sie mit der Verteilung Ihrer Zeit zufrieden, wo unzufrieden? Markieren Sie die Tätigkeiten, für die Sie Ihrem Empfinden nach zu viel Zeit aufwenden.

Betrachten Sie auch Ihre Energiebilanz: Welche Aktivitäten kosten Sie übermäßig viel Energie? Markieren Sie auch diese Bereiche. Und Ihr Geld – wie zufrieden sind Sie mit Ihrem Ausgabeverhalten? (Zufriedenheit bedeutet in diesem Zusammenhang auch Akzeptanz – niemand wird zum Beispiel seine Miete oder die Hypothekenraten am Monatsanfang wirklich freudig zahlen, aber jeder vernunftbegabte Mensch sieht ein, dass er für Wohnen Geld ausgeben muss. Wichtig ist, dass Sie die Summe noch als situativ angemessen empfinden.) Streichen Sie auch in dieser Übersicht alles an, mit dem Sie nicht zufrieden sind.

Wenn Sie Ihre Analyse genauer betrachten, werden Sie wahrscheinlich feststellen, dass Sie dort zufrieden sind, wo Sie Ihre Kernwerte spürbar leben können und die entsprechenden Aktivitäten und Ausgaben zu deren Erfüllung beitragen. Die größte Unzufriedenheit verspüren Sie in den Bereichen, die mit Ihren Werten nicht konform gehen oder nichts damit zu tun haben. Leider passiert es den meisten Menschen immer wieder, dass sie durch den täglichen Alltagstrott ihre Werte und Prioritäten aus den Augen verlieren, sich eine zunehmende Unzufriedenheit und ansteigender Stress breitmachen und sie anfälliger werden für unrealistische Erwartungen von außen. Daher ist es sinnvoll, zur Erlangung einer größeren Lebenszufriedenheit und zur Verwirklichung eines entspannteren Lebensstils von Zeit zu Zeit diese Bestandsaufnahme zu machen und sich neu zu orientieren.

Nun haben Sie also die Bereiche in Ihrem Leben identifiziert, die offensichtlich mit Ihren Werten nicht konform gehen. Jetzt können Sie damit beginnen, sich ehrlich, konkret und konsequent mit Veränderungen in Ihrer Lebensgestaltung zu befassen (es ist nämlich deutlich einfacher und zielführender, diese zu ändern als Ihre Wertehierarchie – abgesehen davon ist es im Sinne der persönlichen Integrität und Gesundheit auch empfehlenswerter). Versehen Sie nun Ihre Wochenplanung mit an Ihren Werten orientierten Prioritäten. Dabei ist eine kleine Übersicht sehr hilfreich, in die Sie alle Ihnen wichtigen Themen und Aktivitäten eintragen können und so immer den Überblick behalten, wenn Sie sich an Ihre konkrete Zeitplanung machen.

Maria hat bei ihrer Analyse festgestellt, dass sie bisher bei allen drei Ressourcen Zeit, Energie und Geld ihrer Arbeit, dem äußeren Eindruck bei ihrer persönlichen Erscheinung und ihrer Wohnung den absoluten Vorrang gegeben hat – auf Kosten anderer Werte. Sie erkennt, dass sie sich um die Themen Liebe und Beziehung sowie Gesundheit (ihre höchsten Kernwerte) nur sehr stiefmütterlich gekümmert hat, und dass in ihrem derzeitigen Leben für die längerfristigen Themen wie Weisheit und Gerechtigkeit überhaupt kein Platz war. Sie erstellt nun ihre

Prioritätenübersicht, die sie ab jetzt bei ihrer wöchentlichen Planung als Basis benutzen wird.

Prioritätenübersicht

Wert/Thema nach Prioritäten	Aktivitäten/Prinzipien
Liebe/Beziehung	Mindestens zwei Abende mit dem Freund nach Lust und Laune verbringen, nicht nur abgehetzt zwischen Tür und Angel
	Am Wochenende nur im Notfall Arbeit mit nach Hause nehmen!
Gesundheit und Fitness	Einen Abend pro Woche für mich allein reservieren: Muße und Entspannung
	Putzfrau einmal wöchentlich engagieren: wertvolle Zeit gewinnen und Stress reduzieren!
Selbstverwirklichung Arbeit	Zusätzlich übernommene Aufgaben rückdelegieren an zuständige Kollegen
	Auf strategisch wichtige Aufgaben konzentrieren
	Kontaktpflege und abendliche Networkingtermine auf wirklich viel versprechende und interessante Leute beschränken; maximal ein Abend alle zwei Wochen
	Eine interne oder externe berufliche Fortbildung pro Jahr

Wert/Thema nach Prioritäten	Aktivitäten/Prinzipien
Selbstver- wirklichung persönliche Weiter- entwicklung	Als nächsten Urlaub Italienischkurs mit dem Freund
	Endlich Gesangsstunden nehmen (alle zwei Wochen)!
Weisheit	Kontakte mit interessanten Leuten inten- sivieren: einmal pro Vierteljahr ein Treffen arrangieren
	Vier anspruchsvolle Bücher pro Jahr lesen
Sicherheit	Finanzen überprüfen: Sparquote erhöhen und Putzfrau bezahlen! (Sehr viele überflüs- sige Ausgaben für öde Networkingtermine, Klamotten etc.)
Gerechtigkeit	Langfristig: nach Mitgliedschaft im Lionsclub erkundigen

Zufrieden betrachtet Maria ihre Aufstellung. Sie ist richtig motiviert, ihr Leben neu zu gestalten – sie muss nur, wie sie aus Erfahrung weiß, aufpassen, dass sie sich nicht wieder zu viel vor-
nimmt. Aber bei ihrer Übersicht hat sie das Gefühl, dass ihre
Zeit- und Energieschätzungen durchaus realistisch sind. In drei
Monaten, so nimmt sie sich vor, wird sie erneut Bilanz ziehen
und überprüfen, was funktioniert hat und wo sie noch etwas
nachbessern muss. Sofort greift sie zu ihrem Kalender und beginnt mit der konkreten Terminplanung ...

(Weitere Hinweise und nützliche Tipps zur praktischen Umsetzung finden Sie in den Kapiteln 5 bis 9. Eine Kopiervorlage zur Ermittlung Ihrer Prioritäten finden Sie auf Seite 250.)

Der Entwurf steht, und das Fundament ist gelegt. Sie wissen nun ganz genau, was Ihnen in Ihrem Leben wirklich wichtig ist, was für eine Person Sie daher sein oder werden wollen, mit welchen Menschen Sie sich umgeben möchten und wie Sie Ihre konkrete Lebensgestaltung danach ausrichten können. Allerdings erst einmal nur auf dem Papier. Denn häufig setzen wir unsere Erkenntnisse deshalb nicht in die Tat um, weil uns ein paar hinderliche Überzeugungen im Kopf herumspuken, deren Gültigkeit wir noch nie oder zumindest lange nicht mehr hinterfragt haben; und weil wir keine Strategien gelernt haben, um mit unangenehmen oder beängstigenden Gefühlen umzugehen. Machen Sie sich also auf, auf der Ebene der Glaubenssätze Ihre geistigen Saboteure nicht nur zu entdecken, sondern sie auch zu neuen unterstützenden Freunden zu machen!

Wahr ist, was man glaubt

Karin ist – wider besseres Wissen – ihrer Freundin Lisa zuliebe mit nach Italien gefahren, um dort einen Kurzurlaub zu verbringen. Lisa ist ein absoluter Italienfan und hat ihr schon lange vorgeschwärmt, wie entspannend und gleichzeitig anregend das »Dolce far niente« der Italiener sei. Nichts würde so verbissen gesehen wie in Deutschland, alles sei viel lässiger, man wisse dort den Augenblick zu genießen und sei nicht so von der Uhr getrieben. Obwohl Karin noch nie in Italien war, hat sie den Äußerungen ihrer Freundin doch sehr skeptisch gelauscht. Sie glaubt nämlich, die Wahrheit über Italien auch so genau zu kennen; schließlich hat sie schon von ihren Eltern und aus Literatur, Presse und Fernsehen vielfältige Informationen bekommen. Doch da sie sich selbst als offenen, vorurteilslosen Menschen sieht, ist sie mitgefahren. Aber wie erwartet bestätigt sich bei dem Aufenthalt ihr negatives Bild: Italiener sind grundsätzlich eher faul und unzuverlässig, kein Zug kommt pünktlich, aufs Essen muss man immer lange warten, und dann kommt auch noch das Falsche, Verabredungen scheinen eher vage Absichtserklärungen als verbindliche Termine darzustellen, dauernd trödeln sie herum und vergeuden ihre Zeit lieber wild fuchtelnd bei lauten Unterhaltungen per Handy, als ihr endlich ihren Espresso zu servieren. Nie könnte sie dort länger Urlaub machen oder gar leben! Für sie steht fest, dass dies ihr erster und letzter Urlaub in diesem Land der ineffizienten Faulpelze war! Sie hat ihnen eine faire Chance gegeben, aber bei denen ist Hopfen und Malz verloren. Da ist es in Skandinavien doch ganz anders!

Wahr ist, was man glaubt. Unsere Einstellungen, Überzeugungen und Glaubenssätze erschaffen unsere subjektive Wirklichkeit; das hat mittlerweile nicht nur die Psychologie erkannt, sondern auch den »harten« Naturwissenschaftlern ist mittlerweile klar, dass ihre Untersuchungsergebnisse von der Art der Beobachtung und den Erwartungen und Denkmustern der Beobachter beeinflusst werden. Teilchen oder Welle – das hängt vom Standpunkt des Betrachters ab.

Im Laufe unseres Lebens sammeln wir eine große Anzahl an solchen Glaubenssätzen, von denen die meisten uns nicht bewusst sind. Wir lernen sie von unseren Eltern und Freunden, ohne sie zu hinterfragen, übernehmen sie aus unserer gesellschaftlichen Umwelt als kulturelle Regeln. Wir leiten unsere eigenen aus emotional intensiven Situationen ab, generalisieren diese Erfahrung und schreiben sie in die Zukunft fort. Einmal so – immer so. Auch in Situationen, in denen wir über das wirkliche Geschehen sehr unsicher sind, helfen wir uns schnell mit einem Glaubenssatz über diese Unsicherheit hinweg und erklären uns so das verwirrende Geschehen.

Viele unserer Überzeugungen beruhen also nicht auf objektiven, sensorischen Daten, sondern auf unserer subjektiven – unbewussten – Interpretation von Geschehnissen. Daher gehören sie zu den wirksamsten und stabilsten Denkmustern über das

Leben, die wir haben. Die Kennzeichen der universellen Gültigkeit und des damit verbundenen intensiven Gefühls der Wahrheit und Gewissheit lassen sich nicht so einfach durch Logik aushebeln, solange wir uns der Entstehung des Glaubenssatzes nicht bewusst sind.

Und das ist auch nur gut so. Ohne Glaubenssätze über Richtig und Falsch, Möglich und Unmöglich, Wichtig und Unwichtig könnten wir die Vielfalt aller Sinneseindrücke und Informationen gar nicht bewältigen. Unsere Überzeugungen geben Ereignissen Sinn und Bedeutung, sie dienen als Muster für Unterscheidungen, sie reduzieren Komplexität und machen sie handhabbar, sie sagen etwas aus über Erlaubnis und Grenzen, und sie beeinflussen unsere Wahrnehmung, setzen uns sozusagen eine Brille auf die Nase.

Und hier liegt leider auch der Haken: Positive, unterstützende Glaubenssätze sind hilfreich und notwendig zur Lebensbewältigung und persönlichen Entwicklung. Unglücklicherweise haben wir aber auch eine Vielzahl an negativen Überzeugungen, Vorurteilen und einschränkenden Annahmen, die uns daran hindern, zu lernen und entspannt und offen mit dem Leben umzugehen. Und die Filterfunktion bei der Wahrnehmung verhindert, dass wir mal eben so einen Glaubenssatz über Bord werfen. Die Brillen auf unserer Nase steuern unsere Wahrnehmung: Es dringen nur Informationen ins Bewusstsein, die unseren Glaubenssatz bestätigen. Wir generalisieren einmalige Erfahrungen, wir tilgen und unterdrücken einander widersprechende Informationen, zur Not verzerren wir sie oder interpretieren sie um. Sicher hat Karin in ihrem Italienurlaub auch fleißige Italiener gesehen. Da das ihrer Überzeugung nach aber nicht sein konnte, hat sie – natürlich unbewusst – diese Wahrnehmung so uminterpretiert, dass ihr Glaubenssatz über faule und ineffiziente Italiener wieder bestätigt wurde: Dieser pseudoeifrige Kellner war noch perfider als seine faulen Kollegen, indem er schamlos operative Hektik vortäuschte, um insgeheim noch fauler als alle zusammen zu sein! Dadurch bestätigen sich unsere Glaubenssätze immer wieder selbst, und das subjektive Gefühl der Gewissheit – »Es ist einfach so!« – verstärkt sich noch.

Unsere Überzeugungen steuern auch unsere Gefühle, Reaktionen und Handlungen: Sie lassen uns etwas tun oder halten uns davon ab, sie beeinflussen, wie wir reagieren. Und sie erschaffen unsere Gefühle: Die Kombination aus selektiver – innerer oder äußerer – Wahrnehmung und Interpretation dieser Wahrnehmung erzeugt unsere Emotionen.

Stellen Sie sich einmal vor, Sie sind eine begeisterte Tauchanfängerin. Bei Ihrem ersten Tauchgang im Meer sehen Sie viele farbenprächtige bunte Fische, und ganz entspannt schwelgen Sie in der Unterwasserwelt. Plötzlich fällt ein enormer Schatten auf den Meeresboden. Erschrocken blicken Sie hoch und sehen den größten Fisch, den Sie jemals erblickt haben: Ein riesengroßer Hai schwimmt über Ihnen! Sie verspüren eine heftige Panik und versuchen verzweifelt, sich an die Instruktionen Ihres Tauchlehrers für diesen Fall zu erinnern. Sie beginnen gerade, hektisch auf Ihren Lehrer zuzuschwimmen, als er Ihnen beruhigend zuwinkt und Ihnen signalisiert, dass keinerlei Gefahr besteht und Sie dieses Wesen ruhig näher ansehen sollten. Aufgrund seiner Kenntnis der Meeresfauna ist seine Reaktion nämlich eine ganz andere. Sie sehen einen riesigen Fisch und interpretieren ihn als Gefahr. Er sieht ebenfalls einen riesigen Fisch, interpretiert diesen aber nicht als Gefahr, da er weiß, dass es sich um einen harmlosen Planktonfresser, nämlich um einen Walhai, handelt – also kann er die Situation mit dem Gefühl von Freude und Neugier genießen. Unsere Gefühle sind also abhängig von unserer subjektiven Interpretation der aktuellen Situation und ganz und gar nicht automatisiert und vorherbestimmt. Das ist die gute Nachricht: Wir sind unseren Gefühlen nicht hilflos ausgeliefert, sondern können sie bewusst steuern. Mehr zum konstruktiven Umgang mit Gefühlen erfahren Sie im nächsten Kapitel.

Eine weitere gute Nachricht: Alles, was der Mensch gelernt hat, kann er auch wieder verlernen beziehungsweise neu lernen. Daher ist es durchaus möglich, hindernde und einschränkende Glaubenssätze zu identifizieren und durch unterstützende zu ersetzen.

Schauen Sie sich also Ihre Sammlung perfektionistischer Glaubenssätze einmal genauer an und machen Sie aus stressigen Feinden hilfreiche Freunde!

Umformulierung von einengenden Glaubenssätzen

1. Schritt: Sie finden in der folgenden Tabelle eine Liste von typisch perfektionistischen Erwartungen, Überzeugungen, Denkmustern und Glaubenssätzen. Bitte lesen Sie sie aufmerksam durch und tragen Sie auf einer Skala von 0 bis 100 Prozent ein, wie stark jede Aussage auf Sie zutrifft. (Dabei geht es weniger um wortwörtliche Genauigkeit, sondern darum, ob die Tendenz der Aussage für Sie gültig ist.) Am Ende der Liste können Sie Ihre ganz persönlichen Erwartungen eintragen, die Sie stark beschäftigen. Erinnern Sie sich dazu an Situationen, in denen Sie extrem unzufrieden mit sich waren. Versetzen Sie sich noch einmal ganz intensiv hinein und lauschen Sie Ihrer inneren Stimme: Was sagt sie Ihnen? So können Sie sich Ihre Glaubenssätze bewusst machen.

Perfektionistische Erwartungen, Denkmuster und Überzeugungen

Bisheriger Satz	Trifft zu 0–100 %	neuer Satz
Nur wenn ich perfekt bin, werde ich geliebt.		
Ich kann mir keine Fehler erlauben.		
Das Beste ist gerade gut genug – sonst kann ich nicht zufrieden sein.		
Ich muss immer perfekt sein.		
Wer will, der kann.		

Bisheriger Satz	Trifft zu 0–100 %	neuer Satz
Liebe muss man sich verdienen.		
Ich darf mich nur belohnen, wenn ich etwas Tolles geleistet habe.		
Ich muss schön und fit sein, um akzeptiert zu werden.		
Wer altert, ist heutzutage selber schuld.		
Ich darf nie die Kontrolle verlieren.		
Dicke sind nur willensschwach und strengen sich nicht genügend an.		
Ich muss dazugehören, sonst bin ich nichts wert.		
Meine Kinder müssen erfolgreich sein, sonst habe ich versagt.		
Ich muss Karriere, Haushalt und Beziehung gleichermaßen perfekt meistern.		

Bisheriger Satz	Trifft zu 0–100 %	neuer Satz
Ihre eigenen Formulierungen:		

(Am Ende dieses Kapitels finden Sie unsere Beispiele für Umformulierungen)

2. Schritt: Suchen Sie sich als Erstes die drei oder vier Sätze heraus, bei denen Sie am meisten zustimmen – das sind die Denkmuster, die Ihnen am meisten Stress erzeugen. Sie wissen ja jetzt, dass an diesen Sätzen mehrere Haken oder Denkfehler sind: Sie vereinfachen und generalisieren zu stark, sie tilgen Ausnahmen und ergänzende Aspekte, und sie verzerren unsere Wahrnehmung und führen zu Fehlinterpretationen. Um sie zu relativieren und zu unterstützenden Glaubenssätzen zu machen, hinterfragen Sie sie mit unserem kleinen Fragenkatalog. Dadurch werden Ihnen die ausgeblendeten Ausnahmen, Gegenbeweise und realistischen Grautöne wieder bewusst, und Sie überwinden Ihr Schwarz-Weiß-Denken.

Wir nehmen als Beispiel den ersten Glaubenssatz aus unserer Liste.

Fragenkatalog zum Relativieren von Erwartungen
Nur wenn ich perfekt bin, werde ich geliebt.

Fragen	Antworten
Was genau meine ich damit? Welchen Maßstab lege ich an?	Mit perfekt meine ich makellos, schön, intelligent, fit und erfolgreich – so wie in Romanen, Filmen oder den Medien.
Unter welchen Bedingungen gilt das/gilt das nicht? Welche Erfahrung steckt dahinter?	Mein Vater hat meine Mutter verlassen, als sie älter wurde, und sich eine jüngere Frau gesucht.

Fragen	Antworten
Wirklich immer/nie/alles/jeder? Gibt es keine Ausnahmen? Welche Ausnahmen habe ich schon erlebt? Was ist dabei passiert? Gibt es weitere Gegenbeweise?	Hmm, Ausnahmen gibt es schon. Meine Großeltern sind jetzt seit fünfzig Jahren durchaus glücklich verheiratet, obwohl meine Großmutter ganz schön schrullig ist und ihm die Hölle heiß machen kann. Und einer meiner besten Freunde ist schon ewig mit einer Frau zusammen, die vierzehn Jahre älter ist als er – und das sieht man ihr auch an! Außerdem habe ich meinen Freund kennen gelernt, als ich gerade eine fürchterliche Erkältung hatte und völlig daneben war – er war trotzdem hin und weg. Und wenn man andererseits den einschlägigen Zeitschriften Glauben schenkt, ist Perfektion wohl auch kein Garant für Liebe, sonst würden sich ja wohl nicht so viele Traumpaare trennen. Die widersprechen sich doch selbst!

3. Schritt: Nachdem Ihnen nun wieder klar ist, dass Ihre bisher vielleicht unbewusste Überzeugung beileibe nicht diesen absoluten Anspruch hat, überlegen Sie sich bitte eine neue Formulierung, die differenzierter und weniger stressig ist, und überprüfen Sie dieses neue Denkmuster anhand folgender Kriterien:

Einschränkender Glaubenssatz	Unterstützender Glaubenssatz
Kennzeichen der Formulierung/ Wirkung	Kennzeichen der Formulierung/ Wirkung
1. Zwang	1. Auswahl, positiv formuliert
2. generalisiert (gilt immer und überall)	2. generalisiert (gilt immer und überall)
3. fremdbestimmt	3. selbstbestimmt
4. stresserzeugend	4. wohltuend, befreiend
alte Formulierung: *Nur wenn ich perfekt bin, werde ich geliebt.*	neue Formulierung: *Es gibt Menschen, die mich auch mit Fehlern und Makeln lieben.*

So, jetzt sind Sie dran. Bearbeiten Sie Ihre stressigsten Überzeugungen und formulieren Sie sie neu. Bleiben Sie hartnäckig und geben Sie nicht so schnell auf. Sie haben womöglich Jahre investiert, um Ihre bisherigen sehr wirksamen Überzeugungen zu entwickeln – da kann es schon sein, dass diese sich ein wenig gegen eine Revision sträuben. Falls Ihnen selbst gar keine Ausnahmen und Gegenbeweise einfallen sollten, fragen Sie doch einmal einen guten Freund, Ihren Partner oder Ihre Familie! Die Sicht anderer hilft häufig, die eigenen Scheuklappen abzulegen.

Klingt schon viel besser, sagen Sie – wenn ich es bloß glauben könnte! Irgendwie klingt der alte Glaubenssatz leider immer noch überzeugender und bekannter! Stimmt. Bisher haben Sie als ersten Schritt Ihre Überzeugung auf der kognitiven Ebene hinterfragt und umformuliert, jetzt gilt es, auch noch die Art und Weise, wie Sie sie innerlich wahrnehmen, zu ändern, damit Sie sich auch emotional damit vertraut machen können.

Denken ist der innere Gebrauch unserer Sinne, hat einmal ein kluger Mensch gesagt. Jeden Gedanken, den Sie haben, repräsentieren Sie innerlich als Film oder Bild, vielleicht hören Sie etwas dazu, und ein ganz bestimmtes Gefühl gehört zu diesem Gedanken – meistens ist er auf allen drei Ebenen präsent. Die Art und Weise, wie dieser Tonfilm gestaltet ist, hat sehr viel mit seiner emotionalen und geistigen Wirkung zu tun. Denn Gedanken, Gefühle und der Körper stehen in einer engen Wechselwirkung und beeinflussen sich gegenseitig. Wenn Sie sich also anders fühlen wollen, dann können Sie etwas anderes denken oder Ihren Körper in eine andere Haltung oder Bewegung bringen – wo Sie anfangen, ist letztendlich egal. Schwer zu glauben? Machen Sie doch einmal ein kleines Experiment: Nehmen Sie die Körperhaltung ein, die Sie immer einnehmen, wenn Sie einen fürchterlichen Tag hatten und total schlecht drauf sind. Wahrscheinlich sacken Sie in sich zusammen und stieren trostlos auf den Boden.

Versetzen Sie sich ruhig noch einmal in diese Stimmung hinein, damit Sie wieder ganz genau wissen, wie es sich anfühlt.

Genug gelitten. Jetzt setzen Sie sich bitte bequem zurückgelehnt hin, strecken Sie die Beine entspannt von sich, verschränken Sie die Arme hinter dem Kopf und blicken Sie träumerisch zur Decke. Und nun seien Sie bitte – während Sie so sitzen bleiben und weiter an die Decke gucken! – genauso deprimiert wie gerade eben.

Geht nicht? Sie müssen lachen? Das ist nicht verwunderlich. Bestimmte Gefühls- und Geisteszustände sind an bestimmte Körperhaltungen oder Bewegungen gekoppelt: Wenn Sie auf der einen Ebene etwas ändern, ändert sich auch etwas auf der anderen. Diese Erkenntnis nutzt das mentale Training. Eine Änderung der Gedanken führt auch zu einer Änderung der Gefühle und des Verhaltens und umgekehrt.

Zurück zu Ihrem neuen Glaubenssatz: Sie möchten ihn gerne als unterstützende Ermutigung zur Verfügung haben, aber noch klingt der alte, stressige Glaubenssatz für Sie vertrauter. Damit Sie Ihren neuen Glaubenssatz auch emotional integrieren können, werden wir Ihnen einen kleinen Prozess aus dem mentalen Training vorstellen, mit dem Sie die innere Repräsentation dieser Überzeugungen und somit auch das dazugehörige Gefühl ändern können. Sie werden in Ihr inneres Tonstudio gehen und zuerst den alten Glaubenssatz ein wenig verfremden, um anschließend den neuen angenehm und vertraut einzuspielen. Lesen Sie sich die kurzen Anweisungen zur Vorgehensweise zuerst einmal komplett durch, ehe Sie sich dann entspannt zurücklehnen und einen Ausflug in Ihren Kopf machen!

Neue Glaubenssätze emotional verstärken

1. Schritt: Entspannen Sie sich: Machen Sie ein paar tiefe Atemzüge, schließen Sie die Augen und beginnen Sie, die äußere Welt zu vergessen und sich auf Ihr Inneres zu konzentrieren. Mit jedem Atemzug können Sie besser wahrnehmen, was in Ihnen vorgeht.

2. Schritt: Begeben Sie sich in Ihrer Vorstellung in ein hochmodernes Tonstudio in Ihrem Kopf. Spielen Sie dort Ihren alten, stressigen Glaubenssatz noch einmal ab und achten Sie darauf, wie Sie ihn hören: vielleicht in einem strengen, drängenden Ton? Laut oder eher leise? Penetrant oder verzweifelt? Lauschen Sie ihm in seiner jetzigen Form noch einmal.

3. Schritt: Nun beginnen Sie, die Möglichkeiten Ihres Tonstudios zu nutzen: Lassen Sie den alten Glaubenssatz doch einfach mal mit halber oder doppelter Geschwindigkeit ablaufen, sodass er ganz tief und leiernd oder fast wie eine helle Mickymausstimme klingt. Nehmen Sie dabei wahr, wie sich auch das dazugehörige Gefühl ändert – der Satz klingt plötzlich schon viel fremder. Spielen Sie noch an anderen Reglern herum: Lassen Sie ihn doch einmal ganz japanisch klingen, singen Sie ihn wie eine Opernarie oder flüstern Sie ihn mit einem dünnen Stimmchen. Experimentieren Sie nach Lust und Laune herum und spüren Sie, wie er zunehmend fremder und falscher klingt.

4. Schritt: Nun lassen Sie in Ihrem Tonstudio Ihren alten, mittlerweile schon ganz fremden Glaubenssatz wie ein immer schwächer werdendes Echo verhallen, während Sie gleichzeitig Ihren neuen Glaubenssatz einspielen. Spielen Sie wieder an Ihren Reglern und stellen Sie ihn so ein, dass er sich angenehm, freundlich und unterstützend anhört. Variieren Sie alle Parameter – Lautstärke, Tempo, Klangfarbe, Höhe etc. – so lange, bis Sie wirklich zufrieden sind, und spüren Sie dem zunehmenden Gefühl von Vertrautheit und Unterstützung nach.

5. Schritt: Wenn Sie ganz zufrieden sind, hören Sie sich Ihren neuen Glaubenssatz ruhig einige Male hintereinander an und freuen Sie sich an dem positiven Gefühl, das er in Ihnen erzeugt. Sie können ihn sich in Zukunft in jeder Situation, in der Sie bisher perfektionistisch gestresst reagiert haben, ruhig bewusst wieder ins Gedächtnis rufen und darauf vertrauen, dass Sie ab jetzt eine unterstützende innere Stimme haben, die Ihnen Mut und Selbstvertrauen gibt.

Nun sind Sie an der Reihe, das Gelesene umzusetzen. Beginnen Sie mit Ihrem stressigsten Glaubenssatz, den Sie sprachlich ja schon in einen unterstützenden umformuliert haben. Nehmen Sie sich ruhig alle Zeit, die Sie brauchen, und gehen Sie durchaus gründlich, aber nicht perfektionistisch an Ihr mentales Training heran! Es gibt dabei keine Bestnoten zu gewinnen, sondern wichtig ist einzig und allein, dass es Ihnen damit besser geht.

Experimentieren Sie erst einmal mit Ihren zwei oder drei stressigsten Glaubenssätzen. Sie werden sehr schnell feststellen, dass eine Umwandlung dieser Saboteure in hilfreiche Freunde Sie schon viel entspannter und lässiger mit dem Leben umgehen lässt!

(Sie finden die beiden Prozesse »Umformulierung von Glaubenssätzen« und »Emotionale Verstärkung von Glaubenssätzen« noch einmal in knapper, übersichtlicher Form als Kopiervorlage im Anhang.)

Vorschläge zur Umformulierung von Glaubenssätzen

Bisheriger Satz	Trifft zu 0–100 %	neuer Satz
Ich kann mir keine Fehler erlauben.		Aus Fehlern kann ich lernen.
Das Beste ist gerade gut genug – sonst kann ich nicht zufrieden sein.		Ich bin auch schon mit guten Leistungen zufrieden.
Ich muss immer perfekt sein.		Ich gebe gerne mein Bestes – so weit, wie es notwendig ist.
Wer will, der kann.		Es gibt äußere Hindernisse, die ich nicht beeinflussen kann.
Liebe muss man sich verdienen.		Ich bin es wert, so, wie ich bin, geliebt zu werden.

Bisheriger Satz	Trifft zu 0–100 %	neuer Satz
Ich darf mich nur be-lohnen, wenn ich etwas Tolles geleistet habe.		Ich darf mich auch ein-fach so belohnen.
Ich muss schön und fit sein, um akzeptiert zu werden.		Die mir wichtigen Men-schen akzeptieren mich ohne Bedingungen.
Wer altert, ist heutzu-tage selbst schuld.		Älterwerden ist natürlich und keine Krankheit.
Ich darf nie die Kontrolle verlieren.		Es macht Spaß, ab und zu mal einfach die Dinge geschehen zu lassen.
Dicke sind nur willens-schwach und strengen sich nicht genügend an.		Körper sind unterschied-lich – und Rundungen kön-nen sehr attraktiv sein.
Ich muss dazugehören, sonst bin ich nichts wert.		Ich bin ein wertvoller Mensch mit echten Freunden.
Meine Kinder müssen erfolgreich sein, sonst habe ich versagt.		Ich tue mein Bestes als Mutter, aber Kinder sind und bleiben eigenständi-ge Persönlichkeiten.
Ich muss Karriere, Haus-halt und Beziehung gleichermaßen perfekt meistern.		Ich strebe eine ausgewo-gene, entspannte Balance zwischen Karriere, Haus-halt und Beziehung an.

Aufbruch zur Zufriedenheit

Die ersten Schritte, um Ihren Perfektionismus zu relativieren, haben Sie schon in den vorigen Kapiteln getan: Sie haben an den oberen Ebenen der Pyramide – Werte, Selbstverständnis, Glaubenssätze – gearbeitet. Ihre Werte sind Ihnen nun klar geworden, Sie haben Ihre stressigsten Glaubenssätze identifiziert und modifiziert. Nun gilt es, auf den unteren Ebenen der Pyramide auch noch die notwendigen Fähigkeiten zur Umsetzung Ihrer Erkenntnisse zu aktivieren. Umgang mit Fehlern und Kritik, realistische Ziele und emotionales Selbstmanagement gehören in diesem Zusammenhang sicher zu den wichtigsten Fähigkeiten. Der Umgang mit negativen Gefühlen und Kritik, die den Menschen sehr schnell von Veränderungen abhalten können, steht daher als Erstes auf der Liste.

Als Perfektionistin werden Sie mit negativen Gefühlen bestens vertraut sein: Ärger, Wut, Enttäuschung, Frust, Scham, Angst, Verzweiflung, Resignation und viele weitere Emotionen haben Sie aufgrund Ihres Perfektionismus zur Genüge in verschiedenen Ausprägungen und Intensitäten kennen gelernt. Sie stellen einen Fehler fest und ärgern sich fast schon automatisch; Sie denken an einen wichtigen Termin, und sofort steigen Angst und Besorgnis auf, ob Sie auch alles perfekt genug schaffen. Dabei neigen Sie zusätzlich noch dazu, diese Befürchtungen zu dramatisieren und das mögliche Scheitern vorauszusehen, bis Sie vor Angst nicht mehr ruhig schlafen können – keine wirklich optimale Vorbereitung auf Ihren wichtigen Termin! Statt ausgeglichen und ausgeschlafen erscheinen Sie nervös und angespannt.

Dass das nicht so sein muss, haben wir schon im vorigen Kapitel kurz angesprochen. Gefühle sind keine automatisierten und standardisierten Reaktionen, denen wir hilflos ausgeliefert sind und die wir schicksalsergeben ertragen müssen. Menschen sind auch nicht mit einer Klaviatur versehen, die man nur anschlagen muss, um jeweils zuverlässig eine bestimmte Reaktion abzurufen – da ist die Persönlichkeit denn doch etwas komplexer.

Gefühle und die darauf folgenden Reaktionen entstehen in einem bestimmten Prozess, der mehrere Ansatzmöglichkeiten zur Veränderung bietet, die wir Ihnen im Folgenden aufzeigen möchten. Was also passiert genau? Stellen Sie sich vor, Sie kurven schon seit einer Viertelstunde durch Ihr Viertel, um einen Parkplatz zu finden. Endlich wird vor Ihnen einer frei, Sie setzen den Blinker, lassen aus Höflichkeit noch einen Fußgänger vorbei – und just in dem Moment überholt Sie schneidig ein anderer Autofahrer und prescht direkt vor Ihnen in Ihre Parklücke! Sie sind so wütend, dass Ihnen tatsächlich ein erbittertes »Idiot!« entfährt, als Sie sich jetzt von Neuem auf die mühselige Suche machen müssen.

Der innere Prozess ist immer der gleiche: Auf eine innere oder äußere Wahrnehmung (es klaut Ihnen jemand Ihren Parkplatz) folgt die Interpretation dieser Wahrnehmung (Unverschämtheit!), diese erzeugt ein Gefühl (Wut) und führt zu einer Reaktion (Beschimpfung).

Auf alle diese Elemente können Sie im Rahmen des emotionalen Selbstmanagements einwirken: Sie können die Wahrnehmung lenken, die Interpretation des Wahrgenommenen ändern und somit die Emotion beeinflussen; Sie können sich die Emotion bewusst machen, sie akzeptieren und sich innerlich distanzieren, statt sie negativ zu bewerten und dadurch noch zu verstärken (meistens ärgern wir uns nämlich auch noch darüber, dass wir uns ärgern, und intensivieren den Ärger dadurch). Und Sie können Emotion und Reaktion entkoppeln, um wieder mehr Wahlfreiheit und Verhaltensflexibilität zu erlangen. Zu all diesen Möglichkeiten gibt es natürlich viele konkrete Ansatzpunkte und Strategien, die wir Ihnen vorstellen möchten.

Lenkung der Wahrnehmung

Sicher ist Ihnen im Laufe Ihres Lebens schon aufgefallen, dass es zwei Spezies von Menschen gibt: die Yesbutter und die Whynotter. Yesbutter (Ja-aber-Sager) sind eher unangenehme Zeitgenossen: Sie haben an allem zuerst einmal etwas auszusetzen und sehen nur die negativen Aspekte, anstatt auch einmal die positiven Dinge wahrzunehmen. Die Suppe mag exzellent sein – ein notorischer Yesbutter schüttelt zur Not so lange seinen Glatzkopf darüber, bis endlich ein Haar hineinfällt, über das er sich aufregen kann. Egal, worum es geht, Yesbutter finden mit Sicherheit irgendeine Kleinigkeit, die ihnen die ganze Freude an einer Sache verdirbt. Von einem perfekten, sonnigen Urlaub werden sie garantiert den einzigen Regentag im Gedächtnis behalten und sich darüber ärgern. Den Inhalt einer E-Mail können sie nicht mehr wertschätzen, haben sie erst einmal einen Schreibfehler darin entdeckt; das Porzellan macht ihnen keine Freude mehr, hat nur ein einziger Teller einen winzigen Sprung.

Whynotter (Warum-nicht-Denker) sind erheblich angenehmere Mitmenschen: Sie sehen zuerst einmal die möglichen Vorteile und positiven Aspekte einer Sache, Situation oder Idee. Die Suppe ist exzellent – und vielleicht bemerken sie ein kleines Haar darin gar nicht einmal. Sie genießen die Sonne in ihrem Urlaub und freuen sich sogar über einen Tag Regen als willkommene Abwechslung – danach riecht alles so schön frisch und glänzt. Und beim Porzellan freuen sie sich weiterhin über das klassische Design und sehen großzügig über den kleinen Sprung hinweg.

Sie haben es selbst in der Hand, ob Sie wie ein Yesbutter in einer Situation auf die negativen Aspekte oder wie die Whynotter auf die positiven achten. Es liegt an Ihnen, ob Sie sich im Stau über die vielen Idioten aufregen, die glauben, durch dauernden Spurwechsel schneller voranzukommen, und wegen Ihres verpassten Termins vor Sorge krank werden, oder ob Sie sich freuen, dass Sie jetzt Gelegenheit haben, im Auto Ihr spannendes Hörbuch zu Ende zu hören. In der U-Bahn bohrt Ihnen gegenüber jemand hemmungslos in der Nase – nichts und niemand zwingt Sie, ihn wie hypnotisiert anzustarren und sich zu ekeln; Sie können auch einfach wegschauen. Und wenn Sie an Ihre morgige Präsentation denken: anstatt sich das totale Fiasko auszumalen, können Sie genauso gut innerlich einen Erfolgsfilm ablaufen lassen.

Ändern können Sie an vielen Situation sowieso nichts – warum sollten Sie sich dann nicht auf die positiven Seiten konzentrieren? Alles, was Sie dazu brauchen, sind ein bisschen guter Wille und etwas geistige Selbstdisziplin. Sobald Sie merken, dass Sie wieder Ihren Gruselfilm einlegen wollen, schieben Sie den Gedanken sanft, aber energisch beiseite und konzentrieren Sie sich stattdessen auf etwas Angenehmes.

Wohlgemerkt, es geht nicht darum, alle negativen Aspekte einer Sache oder Situation komplett zu verdrängen. Natürlich muss man sich auch mit diesen Dingen beschäftigen – aber es kommt auf die Reihenfolge, die Intensität und die Dosis an. Warum soll man sich nicht zuerst fragen, was bei einer neuen Idee gut funktionieren könnte, um dann erst die kritischen Punkte ausgewogen zu beleuchten? Warum soll man sich nicht zuerst über die 98 Prozent freuen, die man schon geschafft hat, und dann die restlichen 2 Prozent erledigen, als sich ausschließlich über die fehlenden 2 Prozent zu ärgern? Und in Situationen, an denen man sowieso nichts ändern kann und aus denen man auch nicht viel lernen kann (ein Stau bleibt ein Stau, ein volles Wartezimmer bleibt voll, ob Sie sich nun ärgern oder nicht), ist es vollends überflüssig, sich mit den negativen Aspekten zu beschäftigen. Weitaus sinnvoller ist es doch, wenn man nun schon einmal darin steckt, nach positiven Aspekten und Gestaltungsmöglichkeiten zu suchen, statt seine Energien mit Frust und Ärger zu verschwenden.

Änderung der Interpretation einer Wahrnehmung

Okay, der Parkplatz ist weg. Statt aber hemmungslose Rücksichtslosigkeit zu unterstellen und sich zu ärgern, könnten Sie genauso gut annehmen, dass es sich um einen Arzt im Noteinsatz handelt. Vielleicht hat der Fahrer auch nur ein äußerst dringendes menschliches Bedürfnis, vielleicht hat er nur nicht gesehen, dass Sie dort parken wollten, weil Ihr Blinker defekt ist, vielleicht ist es ein verliebter junger Mann, der seine Verlobte fünf Wochen nicht gesehen hat, vielleicht ...

Ereignisse und Wahrnehmungen können tausend unterschiedliche Gründe haben und unzählige verschiedene Interpretationen zulassen. Ihr Chef runzelt die Stirn, während er Ihren Bericht durchliest? Natürlich können Sie diese Mimik jetzt so interpretieren, dass er total unzufrieden ist, und dann massive Selbstzweifel bekommen und sich innerlich geißeln, dass Sie wahrscheinlich schon wieder einen Fehler gemacht haben. Sie können sich aber auch fragen, ob dieses Stirnrunzeln bei ihm nicht ein typisches Zeichen von Konzentration ist und er Ihren Bericht offensichtlich interessiert durchliest. Vielleicht hat er aber auch nur seine Brille vergessen, und das Lesen strengt ihn an. Warten Sie erst einmal ruhig ab, was wirklich der Fall ist, ehe Sie sich vorab unnötig aufregen.

Und selbst wenn Sie einen Fehler gemacht haben – es ist im Normalfall keiner, der die Welt untergehen lässt (schließlich sind Sie ja nicht die amerikanische Präsidentin mit dem Finger auf dem roten Knopf). Halten Sie sich immer wieder vor Augen, wie schwer- oder eben leichtwiegend Ihr Fehler wirklich ist und welche Konsequenzen er realistisch betrachtet haben wird. Ihr Monatsbericht enthält einen Tippfehler? An seinem brillanten Inhalt wird das nichts ändern. Sie haben etwas Falsches gesagt? Außer Ihnen wird es kaum jemandem auffallen. Sie haben sich in der Uhrzeit vertan und kommen zu spät? Es macht mehr

Spaß, sich eine witzige Ausrede auszudenken, als sich gründlich über sich selbst zu ärgern.

Egal, welche Wahrnehmung Sie haben, die Interpretation dieser Wahrnehmung haben Sie in der Hand beziehungsweise im Kopf. Auch hier gilt wieder: Mit etwas geistiger Disziplin können Sie schnell lernen, überflüssige negative Deutungen zu reduzieren und somit erheblich entspannter mit dem Leben umzugehen.

(Abgesehen davon – ist Ihnen eigentlich klar, dass es ganz schön egozentrisch ist, wenn Sie verschiedenste Ereignisse und Reaktionen anderer Menschen immer nur in Bezug auf sich selbst als implizite Kritik interpretieren? Ihre Kollegin hat sie heute Morgen nicht gegrüßt? Ihr Mann hat Ihre ausgefallene Salatkreation nicht gelobt? Warum soll das unbedingt Kritik an Ihnen bedeuten? Vielleicht sind der Kollegin morgens Katze und Ehemann weggelaufen, und sie formuliert im Geiste gerade eine Kontaktanzeige; vielleicht überlegt Ihr Mann gerade, wo er am besten den Diamantring für Sie kauft, vielleicht … Nicht alles muss immer etwas mit Ihnen und Ihrer Leistung zu tun haben. Wenn Sie sich nicht sicher sind, fragen Sie sie einfach, anstatt wild zu spekulieren und sich in unangenehme Gefühle zu manövrieren!)

Emotionen wahrnehmen und akzeptieren

Als Perfektionistin erzeugen und verstärken Sie einen guten Teil Ihrer negativen Emotionen sozusagen im Dominoeffekt: Sie haben eine negative Emotion und ärgern sich darüber, weil es für einen perfekten Menschen natürlich nicht in Ordnung ist, wütend, ärgerlich, nervös oder ungeduldig zu sein. Der perfekte Mensch ist nämlich immer ausgeglichen und steht über den Dingen. Glücklicherweise sind Sie ja schon auf dem Weg zum liebenswerten, nicht perfekten Menschen und können mit diesem Unsinn jetzt aufhören.

Negative Gefühle gehören nun einmal zum Gefühlsspektrum eines gesunden Menschen. Manchmal brauchen wir Ärger oder Wut, um endlich etwas zu unternehmen, manchmal brauchen wir Reue oder Scham, um unsere Fehler nicht mehr zu wiederholen. Und manchmal brauchen wir auch Trauer oder Depression, um eine Niederlage oder einen Verlust zu verwinden und neue Kräfte zu sammeln.

Hören Sie also einfach auf, Ihre negativen Gefühle zu bewerten und zu verurteilen. Akzeptieren Sie sie einfach als das, was sie sind: Ausdruck eines lebendigen Menschen.

Um das zu erreichen, ist es notwendig, sich genau über seine Emotionen klar zu werden. Erstaunlich viele Menschen können die Frage, wie sie sich gerade fühlen, nicht beantworten, weil sie es verlernt haben, ihre Gefühle differenziert wahrzunehmen. Doch das kann man lernen: Sobald Sie ein unangenehmes Gefühl in sich aufkommen spüren, sprechen Sie es – wenn möglich – an oder schreiben Sie es auf, falls Sie gerade allein sind. Beschreiben Sie es so genau und differenziert wie möglich mit neutralen, nicht wertenden Worten. Erfassen Sie auch, wo genau Sie dieses Gefühl spüren: Schnürt Ihnen Ärger die Kehle zu, lässt Ihre Knie zittern, oder laufen Sie rot an? Je genauer Sie sich beobachten, desto mehr Distanz gewinnen Sie in dem Moment, und desto besser können Sie das Gefühl einfach registrieren und akzeptieren. Und zusätzlich bauen Sie so auch noch ein Frühwarnsystem auf – je früher Sie erkennen, dass Sie zum Beispiel wütend oder besorgt werden, desto besser können Sie auch gegensteuern.

Außerdem hat jeder Mensch das Recht auf jede Emotion – auch Sie! Wichtig ist ja, wie man damit umgeht und was man daraus macht. Es ist völlig in Ordnung, wütend zu sein und dieses auch zu sagen – welche weiteren Handlungen Sie daraus ableiten, steht auf einem anderen Blatt. Das führt zum nächsten Ansatzpunkt des emotionalen Selbstmanagements:

Entkopplung von Gefühl und Reaktion

Wenn Sie wütend sind, müssen Sie nicht mit Tellern werfen, in wüste Beschimpfungen ausbrechen oder dem anderen eine Ohrfeige verpassen. Vielleicht haben Sie das bisher immer getan (kann ja auch mal Spaß machen und sehr befriedigend sein, ist aber je nach Porzellansorte unter Umständen etwas teuer) und haben jetzt das Gefühl, dass Sie gar nicht anders können.

Können Sie aber. Bestimmt sind Sie durchaus in der Lage, Ihren Wutausbruch zu zügeln, wenn er durch Ihren Chef oder Ihren wichtigsten Kunden ausgelöst wird – richtig heftig leben Sie ihn vielleicht nur bei Ihrem Partner, der unfähigen Verkäuferin oder dem unfreundlichen Kellner aus. Offensichtlich machen Sie beim Chef oder Kunden trotz aller Wut etwas anders. Irgendwie schaffen Sie es, innezuhalten und eine konstruktivere Reaktion zu wählen. Wahrscheinlich benutzen Sie je nach Situation bewusst oder unbewusst eine der folgenden Strategien, um Gefühl und Reaktion zu entkoppeln, bevor Sie agieren:

- Eine Pause machen und bis 10 oder auch 100 zählen, ehe Sie irgendetwas tun oder sagen.
- Mindestens zehnmal tief durchatmen (beruhigt das vegetative Nervensystem und somit auch den Geist).
- Die Situation (kurz) unterbrechen und sich körperlich abreagieren (die Treppe rauf- und runterlaufen, mit dem Tennisschläger ein Kopfkissen verdreschen, den Garten umgraben, das Bad putzen …).
- Den Wahrnehmungsfokus von der Situation auf das Ergebnis richten, von der Gegenwart auf die Zukunft.
- Sich mit positiven Suggestionen beruhigen (Ich bin ganz ruhig und entspannt.).
- Sich vorstellen, wie ein anderer, bewunderter Mensch reagieren würde (Der Dalai-Lama würde jetzt …).
- Die Situation relativieren (So schlimm ist es auch wieder nicht.).
- Die Emotion konstruktiv ansprechen (Ich bin sehr wütend über deine Bemerkung und kann mich kaum beherrschen.).
- Einen zornigen Brief schreiben, ihn aber nicht abschicken.
- Einmal darüber schlafen.
- Sich ablenken und an etwas besonders Schönes denken.

- Das Witzige und Lächerliche einer Situation wahrnehmen.
- Es sportlich sehen und eine Herausforderung daraus machen, die Sie ausbremst (Ich darf nur mit einer perfekten Beschimpfung reagieren – ein normales »Sie Blödmann!« ist mir als Perfektionistin doch viel zu einfach!).

Jetzt haben Sie aber wirklich keine Ausrede mehr, sich hemmungslos negativen Gefühlen hinzugeben und darunter heftig zu leiden, nicht wahr? Ärgern Sie sich ruhig darüber – Sie wissen ja nun, wie Sie damit umgehen können …

Smarte Ziele setzen

Als waschechte Perfektionistin haben Sie sich sicher schon viel vorgenommen. Vieles davon haben Sie in mühevoller Arbeit auch perfekt geschafft, aber manchmal war das Ziel doch unangemessen definiert, der Zeitrahmen zu kurz gesteckt oder Ihre Kompetenz ein wenig überschätzt. Trösten Sie sich, das ist ganz normal und geht vielen Menschen so – das muss aber nicht so bleiben. Der Schlüssel zur Lösung liegt in der Art, wie wir uns Ziele setzen und damit umgehen. Um entspannter erfolgreich zu sein, ist es sinnvoll, sich ein realistisches Bewusstsein für die eigenen Ziele zu erarbeiten.

Für gute Ziele gibt es glücklicherweise erprobte Kriterien, die die Erkenntnisse der Psychologie und Neurologie (wie funktioniert eigentlich das menschliche Gehirn?) berücksichtigen: Gute

Ziele sind *SMART*. Wir wollen Ihnen im Folgenden ein bewährtes Konzept vorstellen, mit dem Sie Ihre Ziele realistisch formulieren und erreichen können.

SMART steht für folgende Eigenschaften, die ein Ziel haben sollte:
S – spezifisch konkret, simpel formuliert, selbst initiierbar
M – messbar mit kurzen Feedbackschleifen
A – attraktiv, als-ob-jetzt formuliert
R – realistisch
T – Timing definiert, total positiv ohne Vergleiche formuliert

Schauen wir uns ein paar Beispiele und Überlegungen an, was genau mit diesen Eigenschaften gemeint ist und warum sie so wichtig sind.

S = spezifisch konkret Der menschliche Geist ist wunderbar und erfindungsreich, braucht aber ein paar Bedingungen, damit er sich voll entfalten kann. Denken ist der innere Gebrauch unserer Sinne – damit wir etwas verstehen und verarbeiten können, brauchen wir konkrete Bilder, Worte und Gefühle. *Die intellektuelle Kompetenz steht in reziprokem Verhältnis zu der ökonomischen Ausbeute des Produzenten knollenartiger Agrarprodukte* – diesen Satz müssen Sie mehrfach lesen, um ihn ansatzweise zu verstehen, weil er in Ihrem Kopf keine Bilder erzeugt. *Der dümmste Bauer erntet die dicksten Kartoffeln* ist schon viel einfacher, weil unser Gehirn dazu leicht ein Bild erzeugen kann. Nicht umsonst ist die Bibel ein so erfolgreiches Buch, weil sie abstrakte Konzepte und Gebote durch konkrete Bilder und Gleichnisse veranschaulicht. Auch die Werbung macht sich diese Erkenntnis zunutze, indem sie die Betrachter mit allen Sinnen anspricht und möglichst genaue und konkrete Szenarien erzeugt, wie wohl es dem glücklichen Käufer ergehen wird.

Um etwas zu erreichen, sollten Sie also eine genaue Vorstellung davon haben, was das für Sie bedeuten soll. Eines Ihrer Ziele ist es wahrscheinlich, beruflich erfolgreich zu sein. Haben Sie eine konkrete visuelle, verbale und gefühlsmäßige innere Vorstellung davon, was das für Sie heißt? Bedeutet es für Sie, eine gewisse Summe Geld zu verdienen? Eine bestimmte Führungsposition einzunehmen? Im Managermagazin als Managerin des Monats erwähnt zu werden? 150 Mitarbeiter zu führen? Sieben Patente anzumelden? Vom Oberbürgermeister für besondere Verdienste im Bereich der Ökologie geehrt zu werden? Von Ihren Kindern bewundert zu werden? Für jeden bedeutet beruflicher Erfolg wahrscheinlich etwas anderes. Und erst wenn Sie genau wissen, welche Ausprägung für Sie die richtige ist, haben Sie die Möglichkeit, gezielt das Richtige zu tun, erst dann wissen Ihr Gehirn und Ihr Unterbewusstsein, worauf sie hinarbeiten sollen.

S = simpel formuliert Unser Gehirn liebt in diesem Zusammenhang kurze Sätze. Ein wunderbarer langer, verschachtelter Satz kann in einem Roman, den man sich in den wohlverdienten Ferien endlich einmal gönnt, sicher ein sprachliches Vergnügen sein – so ein Satz eignet sich allerdings nicht als Zielsatz. Kurz, knapp und ohne Nebensätze lautet hier die Devise.

S = selbst initiierbar und kontrollierbar Bei der Formulierung smarter Ziele ist es wichtig, genau zu differenzieren zwischen der Art von Zielen, die Sie selbst initiieren und kontrollieren können, und der Art, bei der Sie von der Reaktion und den Einflüssen der Umwelt abhängig sind: Man muss sorgfältig unterscheiden zwischen einer Vision oder einem Wunsch und realistischen, selbst steuerbaren Zielen.

Natürlich können Sie sich vornehmen, den Weltfrieden herzustellen – leider sind Sie dabei von einigen anderen Milliarden Menschen abhängig. Als smarte Ziele können Sie sich setzen, eine Friedensinitiative zu gründen, dem amerikanischen Präsidenten einen offenen Brief zu schreiben oder eine Imagekampagne gegen die Waffenindustrie zu starten – all dies trägt möglicherweise zum Weltfrieden bei und ist von Ihnen initiierbar. Aber eine Garantie ist es natürlich nicht. Nur können Sie als Perfektionistin sich immer noch beruhigt sagen, dass Sie alles Ihnen Mögliche beigetragen haben. Nicht Sie haben versagt (ein Schuh, den Sie sich sicher gerne immer wieder anziehen, wenn etwas nicht geklappt hat!), sondern die Umstände außerhalb Ihres Einflussbereiches haben zum Scheitern geführt.

Also: statt *Ich werde Führungskraft* – das ist Ihre Vision – könnten Sie sich mehrere selbst initiierbare Ziele setzen. *Ich besuche Seminare zum Thema Führung, ich bewerbe mich für den freigewordenen Teamleiterposten, ich übernehme das Imageprojekt XY, ich trete in den Golfclub des Vorstandsvorsitzenden ein* – daraus können

Sie smarte Ziele erarbeiten, die zur Erreichung Ihrer Vision beitragen können.

M = messbar mit kurzen Feedbackschleifen Ein Ziel ohne Messlatte oder Evidenzkriterien kann sogar gefährlich werden: Magersüchtige haben häufig nur das Ziel, dünner zu werden, ohne festgelegt zu haben, wie dünn genau – was in nicht wenigen Fällen zu ernsthaften gesundheitlichen Schäden aufgrund von Untergewicht geführt hat. Auch Ziele wie *Ich will reich werden* erzeugen dauerhafte Unzufriedenheit, denn ohne Messlatte scheffelt man weiter und weiter und ist mit dem Erreichten nie zufrieden, weil es ja immer noch mehr sein könnte und man nicht einschätzen kann, ob man es schon geschafft hat.

Ohne Evidenzkriterium wissen Sie also nie, ob Sie Ihr Ziel erreicht haben und sich neuen Themen zuwenden können, oder ob Sie noch weiter dranbleiben sollten. Natürlich können Sie sich – wenn Sie etwas erreicht haben – ein neues ehrgeiziges Ziel setzen (nach Ihrer ersten Million können Sie gerne die zweite ins Auge fassen), aber Sie sollten diese Teilziele immer konkret messbar gestalten.

Und was ist mit qualitativen Zielen wie *Ich bin ein guter Rhetoriker?* Woran kann man dieses Ziel messen? Silben pro Sekunden? Einschlafrate der Zuhörer? Versprecherquote? Anzahl der fehlerfrei angewandten Fremdworte? Die Lösung ist ziemlich einfach. Sie erinnern sich an unser erstes S von *SMART*. Wenn Sie eine spezifisch konkrete Vorstellung im Kopf haben, was es für Sie bedeutet, ein guter Rethoriker zu sein, wenn Sie sich innerlich sehen und hören und das Gefühl nachvollziehen können, wie es ist, erfolgreich eine gute Rede zu halten, dann haben Sie Ihre qualitative Messlatte. Daran können Sie Ihre Fortschritte messen und überprüfen, ob Sie auf dem richtigen Weg sind. Bei fast allen Zielen im Bereich der persönlichen Weiterentwicklung ist Ihr Evidenzkriterium Ihre konkrete erstrebenswerte Vorstellung im Rahmen Ihrer Möglichkeiten und Fähigkeiten – darum ist es so wichtig, Ziele ganz konkret zu erarbeiten.

A = attraktiv Sie haben sich gestern ein Programm zum Spanischlernen gekauft und können es kaum erwarten, damit loszulegen. Statt nur einer Lektion arbeiten Sie gleich drei durch und gehen abends zum Spanier essen, damit Sie Ihre frisch erworbenen Kenntnisse sofort anwenden können. Allen Ihren Freunden gehen Sie nach ein paar Wochen schon auf die Nerven, weil Sie Ihnen ununterbrochen spanische Brocken an den Kopf werfen und davon schwärmen, wie wunderbar diese Sprache ist. Offensichtlich ist Spanischlernen eine hochattraktive Sache.

Es gibt aber auch Dinge, die Ihnen erst einmal alles andere als attraktiv erscheinen. Dies sind in der Regel Ziele und Aufgaben, die uns der normale Alltag abverlangt. Es hilft nun mal nichts, wir müssen sie erledigen – und warum sollten wir uns das nicht so leicht wie möglich machen? Das Geheimnis zur Umschiffung dieser Klippe liegt im Ändern des Betrachtungswinkels: Wir fokussieren bei diesen abscheulichen Zielen immer auf den ungeliebten Prozess und nicht auf das befreiende Ergebnis. Und seien Sie mal ehrlich: Wenn Sie sich endlich dazu durchgerungen haben, ist es doch ein tolles Gefühl, vor einem blitzblanken und übersichtlichen Schreibtisch zu stehen, sich auf eine Steuerrückerstattung zu freuen oder im Wohnzimmer durch die frisch geputzten Fenster endlich wieder die Sonne zu sehen (so schlecht, wie Sie gedacht hatten, ist das Wetter gar nicht)! Statt sich also akribisch auszumalen, wie Sie an Papierstaub ersticken und sich an den Blättern die Finger schneiden, stellen Sie sich lieber den gefüllten Papiercontainer und Ihren aufgeräumten Schreibtisch vor.

Auf der anderen Seite kann die Erkenntnis, dass wir uns zu manchen Dingen partout nicht aufraffen können, auch ein Signal dafür sein, dass wir uns von außen Ziele haben aufoktroyieren lassen, die nicht unseren wahren Wünschen und Bedürfnissen entsprechen. Wollen Sie wirklich Jura studieren (Sie können sich nur mühselig zum Lernen bringen und kennen alle örtlichen Schwimmbäder besser als den Vorlesungssaal), oder studieren Sie das Fach nur, weil Sie damit die Erwartungen Ihrer Mutter (sie ist Richterin am Oberlandesgericht) erfüllen? Sie wollen Karriere machen – aber wollen Sie wirklich als Führungskraft in administrativen Tätigkeiten ersticken oder lieber ungestört an Ihrem Forschungsprojekt weitertüfteln?

Manche Dinge nehmen wir uns nur vor, weil »man das eben so macht« oder weil wir uns den impliziten oder expliziten Erwartungen unserer Umwelt anpassen. Hinterfragen Sie also bei allen freiwillig gewählten, aber nie erreichten Zielen genau, ob Sie sie wirklich so freiwillig gewählt haben oder ob Sie sich nicht irgendeiner fremden Erwartung beugen – Sie können nämlich selbst entscheiden, welchen Erwartungen Sie entsprechen wollen und welchen nicht. Und außerdem sparen Sie ungeheuer viel Energie, Zeit und Geld, wenn Sie sich hinter die Ziele klemmen, die für Sie attraktiv sind.

A = als-ob-jetzt formuliert Smarte Ziele sind immer im Präsens und ohne so genannte Weichmacher wie *ich würde gern, ich sollte, ich müsste,* etc. formuliert. Sprechen Sie einmal den Satz *Ich würde gerne ab dem nächsten Monat mit dem Joggen beginnen* laut aus und spüren Sie, wie er auf Sie wirkt und welche Energie er in Ihnen freisetzt. Irgendwie fühlt es sich ein bisschen lauwarm an, nicht wahr? Und jetzt sagen Sie einmal *Ich beginne ab dem nächsten Monat mit dem Joggen.* Das ist eine Tatsache. Das klingt nicht nur entschiedener, sondern fühlt sich auch viel energischer an. Durch die Formulierung im Futur oder im Konditional *Ich werde …* oder *Ich würde gern …* schieben Sie Ihre Ziele immer ein Stück weit vor sich her und berauben sich somit wirksamer emotionaler Mobilisierungsenergie.

R = realistisch Realistisch bedeutet, dass Sie sorgfältig überprüfen, ob das gesteckte Ziel auch im Rahmen Ihrer persönlichen Fähigkeiten und Möglichkeiten liegt oder ob das momentane Umfeld es erlaubt. Holen Sie wenn nötig die Meinung Ihrer Mitmenschen ein – aber lassen Sie sich von ihnen nicht zu sehr beeinflussen. Wenn Sie nämlich ehrlich zu sich sind und Ihren gesunden Menschenverstand benutzen, können Sie am besten beurteilen, ob etwas für Sie machbar ist oder nicht. Sie kennen sich selbst am besten und wissen, wie ehrgeizig und herausfordernd ein Ziel für Sie sein darf.

T = Timing definiert Es reicht nicht, sich noch so konkret etwas vorzunehmen, wenn Sie nicht auch gleichzeitig ganz genau festlegen, bis wann Sie etwas geschafft haben wollen oder ab wann Sie etwas regelmäßig tun. Erst mit einem exakten Anfangs- oder Endzeitpunkt beziehungsweise einem genau definierten Zeitraum oder Rhythmus werden aus Ihren Zielen smarte Ziele. Auch Formulierungen wie *Bei der nächsten passenden Gelegenheit … oder Wenn ich mal wieder drei Stunden Zeit habe …* führen nur zu Frust und nicht zum Ziel. Also, nageln Sie sich fest: Wann genau gehen Sie es an?

T = total positiv und ohne Vergleich formuliert Definieren Sie ganz deutlich, was Sie Positives erreichen wollen, und überprüfen Sie Ihre Fortschritte an Ihrem motivierenden Zielbild. Wenn Sie Ihr Ziel mittels eines Vergleiches mit dem bisherigen Zustand formulieren, müssen Sie zur Überprüfung Ihrer Fortschritte immer wieder das alte negative Bild herholen. *Meine nächste Präsentation soll besser werden als die vorherigen.* – Klingt darin nicht die deprimierende Erfahrung der nicht so gelungenen Präsentationen mit? Sind Sie damit zufrieden, einfach besser als damals zu sein? Ist das alles, was Sie erreichen wollen? Ein Vergleich bietet Ihnen keine klare Richtschnur und erzeugt immer wieder das alte negative Bild. Nur ein positives Image spornt Sie wirklich an.

Alles ganz einfach, oder? Um Ihnen die Formulierung Ihrer smarten Ziele zu erleichtern, bieten wir Ihnen noch eine Liste mit Fragen als Hilfestellung an.

Fragenkatalog zur Entwicklung eines smarten Zieles

S = spezifisch konkret Was genau will ich? Wie sieht es aus? Was sage ich mir innerlich? Was sage ich zu anderen? Wie reagiere und handle ich? Wie fühlt sich das an? Haben Sie eine genaue visuelle, verbale und gefühlsmäßige Vorstellung dessen, was Sie erreichen wollen?

S = simpel formuliert Ist das Ziel einfach und klar formuliert? Kurz und knapp, möglichst ohne Nebensätze? Wenn nicht, müssen Sie vielleicht zwei oder drei Teilziele daraus machen oder Ihre Vorstellung noch weiter konkretisieren.

S = selbst initiierbar Ist das Ziel hundertprozentig von Ihnen initiierbar und kontrollierbar? Wenn nicht, formulieren Sie es so um, dass die Steuerung ganz bei Ihnen liegt.

M = messbar mit kurzen Feedbackschleifen Haben Sie eine genaue Messlatte, an der Sie Ihren Erfolg überprüfen können? Es kann entweder eine quantitative absolute (XY Kilo) oder relative (XY %) Größe sein, oder eine qualitativ genaue Vorstellung dessen, was Sie erreichen wollen.

Welche Feedbackschleifen können Sie in welchen Zeiträumen einbauen, um zu überprüfen, ob Sie auf dem richtigen Weg sind oder ob Sie Kurskorrekturen vornehmen müssen? Brauchen Sie eventuell ein Feedback von außen, und wer kann Ihnen dabei behilflich sein?

A = attraktiv Wollen Sie es wirklich? Stehen Sie voll dahinter? Brauchen Sie noch etwas, um voll motiviert zu sein (Blickwinkel ändern, weitere Vorteile suchen, auf das Ergebnis fokussieren)? Sind es Ihre eigenen Bedürfnisse und Wünsche, die hinter dem Ziel stehen?

A = als-ob-jetzt formuliert Ist Ihr Zielsatz in der Gegenwart formuliert? Ohne Weichmacher? Klingt er entschieden und motiviert? Fühlt er sich gut an und setzt Energie frei?

R = realistisch Liegt das Ziel im Bereich des Möglichen? Halten Sie es für machbar? Erlauben die derzeitigen Umstände eine Erreichung Ihres Ziels? Seien Sie ehrlich zu sich selbst! Und lassen Sie sich von anderen Meinungen nicht beirren, wenn Sie der festen Überzeugung sind, dass Sie es schaffen können!

T = Timing definiert Wann genau ist Ihr Ziel erreicht beziehungsweise ab wann oder bei welchen Gelegenheiten setzen Sie es um? Bleiben Sie bei der Einschätzung lieber realistisch als zu ehrgeizig, sonst ist der Frust vorprogrammiert.

T = total positiv ohne Vergleiche formuliert Haben Sie Ihr Ziel positiv formuliert? Haben Sie es ohne Vergleich beschrieben?

Doch auch damit sind wir noch nicht ganz am Ende. Es empfiehlt sich sehr, seine smarten Ziele nicht nur isoliert zu betrachten, sondern sie auch in einen größeren Lebenszusammenhang zu stellen – den so genannten Zielrahmen. Sie haben ja nicht nur ein Ziel in einem Lebensbereich, sondern wahrscheinlich mehrere zu verschiedenen Themen, die alle Ihre Energie, Zeit und möglicherweise Ihren Geldbeutel beanspruchen oder sich gar gegenseitig stören. Deshalb sollten Sie sich für jedes Ihrer Ziele noch die nachfolgenden Fragen beantworten.

Zielrahmen

Welchen Preis muss ich dafür zahlen, und bin ich dazu bereit? Nichts ist umsonst, und auch für die Erreichung Ihrer Ziele müssen Sie etwas investieren und möglicherweise etwas anderes dafür aufgeben. Vielleicht haben Sie sich die Sache mit dem Joggen schon mehrfach vorgenommen, aber immer wieder haben Sie im Lauf der Zeit aufgegeben. Machen Sie sich klar, welchen Preis Sie dafür zahlen müssen. Wie verändert sich Ihr Leben, wenn Sie das Ziel verfolgen beziehungsweise erreicht haben? Können Sie einige der Dinge, die Sie aufgeben müssten, vielleicht anderweitig ersetzen? (Sie verzichten auf die Tageszeitung, gönnen sich aber dafür am Sonntag gleich drei Wochenendausgaben gemütlich im Bett.) Überlegen Sie genau, und wenn Ihnen der Preis zu hoch erscheint, suchen Sie nach einem alternativen Ziel. Es hat keinen Zweck und ist sehr frustrierend, wenn Sie erst auf halber Strecke merken, dass der Preis zu hoch ist und Sie dann entnervt aufgeben müssen.

Ist mein Ziel auch allgemeinverträglich? Ein weiterer wichtiger Aspekt sind die Auswirkungen eines Zieles auf andere Lebensbereiche oder andere Menschen. Leider wird die Frage der Allgemeinverträglichkeit erschreckend selten gestellt: Sicher kennen auch Sie etliche Personen, die ihre Karriereziele mit höchstem Ehrgeiz verfolgen – auf Kosten ihrer Gesundheit, ihrer Beziehungen zu Partner, Kindern und Freunden, auf Kosten ihrer Lebensfreude und ihrer persönlichen und charakterlichen Weiterentwicklung. Es ist mindestens unklug, sich selbst durch zu rücksichtslose Verfolgung eines ambitionierten Zieles in vielen anderen Bereichen zu schaden; es ist jedoch unverantwortlich, dieses auf Kosten anderer Menschen zu tun. Fragen Sie sich also ehrlich: Was ändert sich, und können Sie das verantworten? Gibt es ein Risiko für Sie oder andere?

Gibt es ein Abbruchkriterium? Unter welchen Bedingungen würde ich auf das Ziel verzichten? In welchem Kontext will ich es erreichen, in welchem passt es nicht? Das Leben ist dynamisch, und Situationen können sich sehr schnell ändern. Sie hatten in früheren Lebensphasen sicherlich auch andere Ziele und Lebensträume als jetzt und waren klug genug, dies zu erkennen und sich neue Ziele zu suchen. Leider ist das nicht immer der Fall. Überlegen Sie sich vorher genau, unter welchen Bedingungen Sie auf die Erreichung Ihres Zieles verzichten würden (kaputtes Knie vom Joggen, drohende Ehescheidung, Schlafprobleme vor lauter Stress …) und sich stattdessen ein passenderes neues suchen.

Auch die Frage nach dem Kontext hilft Ihnen, einem verbissenen Streben in der falschen Situation vorzubeugen. Auch außergewöhnliche Umstände oder Ereignisse können einen Kontext darstellen, in dem Sie die Verfolgung Ihres Zieles erst einmal zurückstellen (es wäre in der Tat ziemlich herzlos, wenn Sie eisern zum Joggen gehen, während sich Ihr Partner stöhnend auf seinem Krankenlager wälzt und sich die kalten Wadenwickel selbst machen muss).

Was ist der erste Schritt? Jetzt können Sie aber wirklich loslegen: Sie haben Ihr Ziel smart formuliert, den Zielrahmen abgeklopft und sind hoch motiviert. Was hindert Sie noch anzufangen? Welche Ressourcen brauchen Sie noch (Zeit, Geld, Informationen, …)? Was genau ist Ihr erster Schritt auf dem Weg zum Ziel?

Legen Sie los: Greifen Sie zu Papier und Stift und setzen Sie sich smarte Ziele. Und freuen Sie sich darauf, dass Sie vielleicht weniger Ziele als bisher gute Vorsätze haben – aber dass Sie diese endlich auch erreichen werden!

Die Grundlagen sind geschaffen. Jetzt sind Sie natürlich ganz begierig darauf, Ihre neuen Erkenntnisse, Ziele und Vorsätze konkret in verschiedenen Lebensbereichen in die Praxis umzusetzen. Packen Sie die Lupe aus, schärfen Sie Ihre Werkzeuge und nehmen Sie Ihr Leben in die Hand! Schmieden Sie ein Meisterwerk – ganz ohne Perfektion!

5 Die drei Karriere-K's: Klotzen, Klappern, Kritisieren

Lässiges Geschlampe bei der Arbeit, Trittbrettfahren und den anderen genüsslich beim Schuften zusehen, Dienst nach Vorschrift, um fünf den Bleistift fallen lassen, mehr Pausen machen als arbeiten, blaumachen nach einer langen Nacht, Arztbesuche während der Arbeitszeit, Zeitung lesen im Büro, Kaffee trinken, spät kommen und früh gehen – das ist nicht Ihr Ding, oder? Eher hat Ihr Chef schon überlegt, ob er Ihnen nicht ein rückenschonendes Feldbett ins Büro stellen sollte, so lange, wie Sie immer da sind. Im Winter sparen Sie durch Ihre langen Arbeitszeiten natürlich die Heizkosten für Ihre Wohnung, doch Sie spüren trotzdem, dass es so nicht weitergehen

kann. Recht haben Sie! Zähmen Sie Ihren beruflichen Perfektionismus!

Der Wecker klingelt, und Susanne steht schneller als üblich auf, weil sie heute wieder einen besonders stressigen Tag im Büro vor sich hat. Während sie duscht und sich die Zähne putzt, bemerkt sie, dass ihr allein schon die Gedanken an das, was sie heute alles schaffen will, wie ein schwerer Kloß im Magen liegen. Sie muss zuallererst den Quartalsbericht abgeben, für den sie sich eigenständig ein neues Format mit zusätzlichen Auswertungsdaten überlegt hat. Die bisherige Form fand sie zwar funktionell, aber wirklich nicht ausgereift. Sie muss allerdings noch einige Stunden Arbeit investieren. Der junge, noch etwas unerfahrene Kollege liefert ihr zwar einen großen Teil der Daten, doch die wird sie sicherheitshalber überprüfen, damit sich kein Fehler einschleicht. Schließlich will sie ja keine Durchschnittsware abliefern, sondern exzellente Qualität.

Wegen der Arbeit an dem Bericht hat sie ihre Ablage seit längerem vernachlässigt. Heute muss sie die vielen Stapel auf ihrem Schreibtisch unbedingt abarbeiten und dabei gleich die ganze Ablagestruktur optimieren – sonst lohnt es ja gar nicht, die neuen Dinge einzusortieren. Ganz oder gar nicht, ist ihre Devise. Da die Ablage von mehreren Kollegen mitgenutzt wird, muss sie deren Unterlagen berücksichtigen und am besten gleich selbst mit integrieren, damit nicht von Anfang an wieder Chaos herrscht. (Die meisten Kollegen nehmen es nämlich leider nicht so genau wie sie.) Dieses Thema brennt ihr schon ewig unter den Nägeln, aber sie hat es immer wieder verschoben, da sie nicht halbherzig nur ein bisschen rumpfuschen wollte.

Beim letzten Meeting haben sich noch zwei weitere Arbeitspakete für Susanne ergeben, die sie aufgrund der engen Termine heute erledigen muss: Zum einen hat man sie als anerkannte Expertin gebeten, das neue Layout für die Angebotspräsentationen zu überarbeiten. Eigentlich ist das ja die Aufgabe der Abteilungssekretärin, aber deren Entwürfe zu anderen Themen waren bisher nicht so ausgereift, und Susannes Präsentationen wurden immer sehr gelobt. Sie kann es wohl einfach besser als die Sekretärin.

Zum anderen wird die Kollegin von der Marketingabteilung einen Workshop vorbereiten, auf dem die neue Servicestrategie mit Großkunden erarbeitet werden soll. Susanne hat schon einmal eine von dieser Kollegin durchgeführte Veranstaltung mitgemacht – eine echte Katastrophe; es war ihr richtig peinlich.

Also bleibt ihr wohl nichts anderes übrig, als heute den Tagesablauf mit ihr durchzugehen. Susanne hat sich schon selbst einige Stunden damit beschäftigt und ein paar Ideen gesammelt. Natürlich ist es nicht ihre Aufgabe, aber es ist ein wichtiger Workshop, und sie möchte nicht, dass ein schlechter Eindruck bei den Kunden hängen bleibt.

Bis neun oder zehn Uhr abends wird sie mindestens im Büro bleiben müssen, und selbst dann weiß sie noch nicht, wie sie das alles schaffen soll – von den Routineaufgaben und den privaten Besorgungen einmal ganz zu schweigen ...

Als passionierte Perfektionistin werden Sie solche oder so ähnliche Tage und Gefühle kennen. Sie fühlen sich für die meisten Themen in Ihrer Abteilung verantwortlich und erledigen immer wieder die Aufgaben anderer mit – aufgrund von schlechten Erfahrungen mit deren Ergebnissen oder weil Sie sich ehrlich geschmeichelt fühlen, wenn man Ihre Kompetenz und Qualität anerkennt und schätzt. Sie wissen oft nicht, wo Sie anfangen sollen, denn wenn Sie etwas nicht perfekt erledigen können, lassen Sie es lieber ganz bleiben. Doch in Ihrem Kopf bleibt dieses Thema weiterhin präsent. Alles oder nichts, schwarz oder weiß, ganz oder gar nicht, denken Sie. Dazwischen gibt es nichts. Leider werden die Dinge davon häufig nur immer schlimmer.

Und um den Druck zu erhöhen, malen Sie sich bei allem zudem grundsätzlich die große Katastrophe aus: Sie stellen sich genau vor, was alles schiefgehen kann und wird und welche fürchterlichen Konsequenzen das haben wird. Ein realistisches Szenario ziehen Sie nicht in Betracht. Sie erinnern sich, unsere Gefühle steuern und erzeugen wir über unsere Gedanken – in die negative Richtung beherrschen Sie das wie vieles andere meisterhaft.

Doch Sie wollen Ihren Perfektionismus im Büro entstressen und relativieren: die Vorteile nutzen, die negativen Aspekte dämpfen. Also gilt es zuerst einmal, Ihre Erwartungen und Überzeugungen unter die Lupe zu nehmen und an das anzupassen, was Sie realistischerweise auch schaffen können und sollen.

Man kann nie zu viel erwarten, oder?

Im Kapitel 4 haben Sie die Methoden kennen gelernt, Ihre Erwartungen zu überprüfen, zu relativieren und mit realistischen Prioritäten zu sortieren. Nun geht es um die praktische Anwendung im Bereich des Berufslebens. Nehmen Sie sich nun Ihre beruflichen Glaubenssätze vor und entstressen Sie sie. Im Folgenden wieder ein paar typische Beispiele und Vorschläge zur Umformulierung, die Sie mit Ihren persönlichen Formulierungen ergänzen können.

Beispiele: Perfektionistische Erwartungen, Denkmuster und Überzeugungen im Beruf

Bisheriger Satz	Trifft zu 0-100 %	neuer Satz
Nur wenn man immer perfekte Leistung bringt, kommt man weiter.		*Wenn etwas sehr wichtig ist, gebe ich mein Bestes und verkaufe mich gut.*
Ich muss – egal was ist – immer alles schaffen.		Ich strenge mich an, den Umständen entsprechend die wichtigen Dinge zu schaffen.
Weniger als 100 % bedeutet völliges Versagen.		Bei vielen Themen ist Perfektion überflüssig.
Ich bin dafür verantwortlich, dass alles klappt.		Ich nehme meine eigene Verantwortung sehr ernst.
Alles ist machbar, man muss sich nur genug anstrengen.		Ich tue das, was machbar ist.
Ich bin nicht so gut, wie ich sein müsste.		Ich gebe immer mein Bestes.
Ich muss jede Situation perfekt meistern.		Ich strenge mich an, mich situationsangemessen zu verhalten.
Ich muss immer alles unter Kontrolle haben.		Ich kontrolliere, wo es sinnvoll und angemessen ist.

Bisheriger Satz	Trifft zu 0-100 %	neuer Satz
Fehler sind unverzeihlich.		Fehler sind menschlich.
Inkompetenz und Dummheit machen mich wahnsinnig.		Auch andere haben ein Recht auf Fehlversuche und Lernschleifen.
Perfekt erledigen kann ich die Dinge nur allein.		Manches kann ich besser allein erledigen.
Nur fehlerlose Leistung wird anerkannt.		In vielen Bereichen schmälert ein Fehler nicht die Anerkennung.
Nein-Sagen geht nicht – wer wirklich will, kann immer noch ein bisschen mehr.		Ich entscheide nach bestem Wissen und Gewissen, wann ich Nein sage.
Teamarbeit bremst mich aus.		Manchmal ist Vielfalt wichtiger als Schnelligkeit.
Es gibt immer eine optimale Lösung.		Es gibt meistens mehrere Möglichkeiten.
Eigene Glaubenssätze:		

Fragenkatalog zum Relativieren von Erwartungen

Nur wenn man immer perfekte Leistung bringt,
kommt man weiter.

Fragen	Antworten
Was genau meine ich damit? Welchen Maßstab lege ich an?	Mit perfekt meine ich fehlerlose und überdurchschnittliche Leistungen (gemessen an dem Standard der Abteilung), mit Weiterkommen meine ich eine Beförderung.
Unter welchen Bedingungen gilt das/ gilt das nicht? Welche Erfahrung steckt dahinter?	Als ich einmal ein paar Fehler in der Präsentation vor dem Vorstand hatte, hat mich der Vorsitzende vor versammelter Mannschaft niedergemacht und mir das nächste Projekt nicht übertragen – das war schon sehr peinlich und hat mich wahnsinnig geärgert.
Wirklich immer/nie/ alles/jeder? Gibt es keine Ausnahmen? Welche Ausnahmen habe ich schon erlebt? Was ist dabei passiert? Gibt es Gegenbeweise?	Na ja, natürlich nicht immer. Ich habe schon mehrfach nicht perfekte Sachen abgeliefert, und es ist nichts passiert – wahrscheinlich hat es keiner gemerkt. Außerdem ist der Kollege aus der Nachbarabteilung bestimmt nicht wegen seiner perfekten Leistungen befördert worden, sondern weil er den Abteilungsleiter kennt und sich gut verkauft. (Die RTL-Superstars sind wohl auch nicht wegen ihres überragenden Könnens weitergekommen – das kann sogar ein völliger musikalischer Laie hören!)

alte Formulierung	neue Formulierung
Nur wenn man immer perfekte Leistung bringt, kommt man weiter.	*Wenn etwas sehr wichtig ist, gebe ich mein Bestes und verkaufe mich gut.*

Nach unserem kurzen Beispiel zur Gedächtnisauffrischung sind Sie jetzt dran. Knacken Sie Ihre stressigsten Kopfnüsse im Beruf und verstärken Sie Ihre neuen Glaubenssätze emotional, wie Sie es schon in Kapitel 4 kennen gelernt haben.

Ihre stressigsten allgemeinen Erwartungen im Berufsleben haben Sie jetzt schon relativiert, aber nun heißt es, noch einmal die Lupe auszupacken und sich Ihre Erwartungen bezüglich einzelner Aufgaben und Projekte ganz genau und kritisch anzuschauen. Sie kennen ja mittlerweile schon Ihre perfektionistische Neigung, vieles in Richtung schwarz-weiß zu vereinfachen, an alles unterschiedslos die gleichen hohen, aber wenig konkreten Maßstäbe anzulegen. Mit smarten Zielen und realistischen Prioritäten stehen Sie gerne auf Kriegsfuß – es ist an der Zeit, dies zu ändern.

Die folgende Checkliste hilft Ihnen, sich im Kontext Beruf einen Überblick über konkrete (Teil-)Aufgaben zu verschaffen, sie mit realistischen Prioritäten zu versehen, das Niveau festzulegen, mit dem Sie sich erst einmal zufrieden geben können, und definierte Ziele und Aktivitäten daraus abzuleiten. Die Strategie der kleinen Schritte ist der Weg, auf dem man auch große Aufgaben in den Griff bekommt.

In die erste Spalte tragen Sie Ihre Themen, Aufgaben und Projekte ein, zu denen Sie dann konkrete Aspekte notieren. Die zweite Spalte hilft Ihnen, sich Ihrer Prioritäten bewusst zu werden: Was davon ist momentan wirklich wichtig in Bezug auf Ihre wesentlichen beruflichen Ziele? Unterscheiden Sie scharf zwischen wichtig und dringlich – gerade unwichtige oder aber gern getane Dinge kommen gerne mit dem Mäntelchen der Wichtigkeit dahergestürmt. Geben Sie jedem Aspekt eine Priorität von A: sehr wichtig über B: ziemlich wichtig bis C: unwichtig. (Machen Sie sich immer wieder klar, dass Prioritäten dynamisch sind: Jetzt geht es darum, Ihre momentane Situation realistisch zu entstressen, aber nichts hindert Sie, die Prioritäten zu einem anderen Zeitpunkt wieder hinauf- oder herabzusetzen.) In der dritten Spalte schätzen Sie auf einer Skala von niedrig – mittel – hoch das Risiko ein, welches Sie bei Nichterledigung in Kauf nehmen müssen. In der vierten Spalte können Sie nun für jeden Teilaspekt festlegen, mit welchem Niveau Sie derzeit leben könnten (100 ist perfekt, 0 ist gar nicht erledigt). Dieser Schritt hilft Ihnen, Erfolg nicht mehr nur in einem zweiwertigen System von absoluter Perfektion oder totalem Versagen (ganz oder gar nicht) zu definieren, sondern Ihre Leistungen abgestuft einzuordnen und einzuschätzen, wo 100 Prozent Erfolg notwendig sind und wo nicht. In Spalte fünf schätzen Sie nun – bitte realistisch! – die wahrscheinliche Zeit, die Sie für die Erledigung des Punktes brauchen. Und in Spalte sechs schließlich notieren Sie bitte alle aus Ihren Überlegungen resultierenden konkreten Aktivitäten.

Wir schauen uns die Checkliste auf Seite 118 erst einmal mit unserem Eingangsbeispiel an.

Sie sehen, durch eine aufgeschlüsselte Betrachtung der Themenbereiche hat Susanne einige Aufgaben terminiert zurückgestellt, einige an die zurückgegeben, die auch dafür zuständig sind, und einige in konkrete kleinere Teilschritte zerlegt, die überschaubar zu bewältigen sind.

Nehmen Sie sich nun Ihre eigenen Aufgabenbereiche vor, bei denen Sie durch überhöhte und unrealistische Erwartungen am häufigsten in Stress geraten. Sie finden das Formular im Anhang.

Womöglich ist es Ihnen nicht so leicht gefallen, Ihre Maßstäbe von 100 Prozent herunterzuschrauben. Das liegt, wie Sie ja schon wissen, meist daran, dass Sie als Perfektionistin schnell ein ungutes Gefühl wegen möglicher negativer Konsequenzen bekommen: Welche Katastrophen werden eintreten, wenn Sie etwas nicht Perfektes abliefern? Wenn diese diffusen Befürchtungen auftreten, hilft der gesunde Menschenverstand weiter. Sehen Sie sich Ihre Befürchtungen nicht nur gefühlsmäßig vage, sondern konkret vernünftig an und spielen Sie verschiedene Szenarien durch. Holen Sie ruhig auch die Meinung anderer bezüglich der Wahrscheinlichkeit des Eintretens ein. Wenn Sie solcherart Ängste und Sorgen hinterfragen, stellt sich oft heraus, dass sie völlig übertrieben oder ziemlich unwahrscheinlich waren. Und wenn Sie wirklich mit negativen Folgen rechnen müssen, ist es doch viel sinnvoller, Ihre Energie nicht auf negative Gefühle zu richten und sich dadurch zu lähmen, sondern stattdessen lieber realistische Gegenmaßnahmen für den negativen Fall zu entwerfen.

Checkliste Prioritäten setzen

Thema	Priorität A, B, C	Risiko niedrig, mittel, hoch
Quartalsbericht		
Layout ändern	C	niedrig
Zusatzdaten besorgen	C	niedrig
Kollegendaten überprüfen	A	hoch
Ablage		
Struktur optimieren	B	hoch
Stapel abarbeiten	A	hoch
Unterlagen von Kollegen integrieren	C	niedrig
Angebotspräsentation		
Neuentwurf	A	niedrig
Überarbeitung	B	niedrig
Kundenworkshop		
Ideen weitergeben	A	niedrig
Entwurf mit Kollegin durchgehen	B	mittel
Verantwortung klären	A	hoch

erzeit realis-tisches Niveau 0 bis 100 %	Zeitdauer in Stunden	Aktivitäten
30	2 h 0,5 h	übernächsten Montag erledigen, Chef fragen, wie er die Daten braucht
0	0,5 h	betroffene Kollegen morgen per E-Mail konkret informieren
100	1,5 h	heute Morgen, sobald eingetroffen
0	4 h	auf nächstem Meeting Vorschlag vorlegen und abstimmen
80	3 h	heute! Sind wichtige Unterlagen drin!
0	0 h	für Kollegen Anleitung mit endgültiger Struktur erstellen und verteilen
50	6 h	rückdelegieren an Abteilungssekretärin (nicht meine Aufgabe!)
90	1 h	heute Termin mit ihr festlegen, möglichst Ende der Woche überarbeiten
50	0,5 h	kurze Zusammenfassung an Kollegin geben
50	1 h	in zwei Tagen
100	0,5 h	heute mit ihr absprechen, was genau erwartet wird

Eine Frage des Stils

Die Basis haben Sie gelegt: Sie haben sich einen Überblick über Ihre Aufgaben verschafft, die Maßstäbe relativiert und Prioritäten gesetzt. Jetzt geht es um weitere Details des beruflichen Arbeitsalltags: Ihr perfektionistischer Arbeitsstil wird Sie in etlichen konkreten Situationen leider immer wieder behindern, stressen und Ihnen dringend benötigte Zeit und Energie rauben. Machen Sie deshalb zuerst einmal eine Bestandsaufnahme, welche Zeit- und Energiefresser bei Ihnen am häufigsten auftauchen, und stöbern Sie dann in unseren Vorschlägen, wie Sie diese eliminieren beziehungsweise ihre Wirkung vermindern können.

Fragebogen Arbeitsstil

Häufigkeit:
1 = fast nie – 2 = manchmal – 3 = häufig – 4 = fast immer

Arbeitsstil: Zeit- und Energiefresser	Häufigkeit
1. Das Telefon stört mich laufend, und die Gespräche sind meistens unnötig lang.	
2. Durch die vielen Besucher von außen oder von Kollegen komme ich oft nicht zu meiner eigentlichen Arbeit.	
3. Die Besprechungen dauern häufig viel zu lange, und oft ist das Ergebnis von Teamsitzungen für mich unbefriedigend.	

Arbeitsstil: Zeit- und Energiefresser	Häufigkeit
4. Große, zeitintensive und daher oft unangenehme Aufgaben schiebe ich meistens vor mir her, da ich vor lauter anderen Aufgaben nie dazu komme, sie in Ruhe anzugehen.	
5. Ich versuche oft, zu viele Aufgaben auf einmal zu erledigen. Dabei mache ich zu viel Kleinkram und kann mich zu wenig auf die wichtigsten Aufgaben konzentrieren.	
6. Meine Zeitpläne und Fristen halte ich häufig nur unter Termindruck ein, da immer viel Unvorhergesehenes dazwischenkommt oder weil ich mir zu viel vorgenommen habe.	
7. Ich habe zu viel Papierkram auf dem Schreibtisch, mein Schreibtisch ist nicht gerade übersichtlich geordnet. Aufgaben notiere ich auf Post-its, die gerne einmal verloren gehen.	
8. Die Delegation von Aufgaben klappt nur selten zu meiner Zufriedenheit. Oft muss ich Dinge erledigen oder nachbearbeiten, die eigentlich andere hätten machen können – aber sie machen es selten gut genug.	
9. Bei Routineaufgaben habe ich Angst, Details zu vergessen, und brauche daher ungewöhnlich lange dafür.	
10. Mit dem Aufspüren von Telefonnummern, Adressen und Unterlagen verbringe ich Zeit, die ich für meine eigentliche Arbeit bräuchte.	

Für alle diese Zeit- und Energieräuber gibt es im Folgenden etliche bewährte Praxistipps, wie man sie bändigen kann.

1. Das Telefon stört mich laufend, und die Gespräche sind meistens unnötig lang.
   - Erfragen Sie kurz das Thema und beenden Sie das Telefonat. Dann können Sie das Gespräch inhaltlich vorbereiten und zu einem Ihnen passenderen Zeitpunkt gezielt zurückrufen (dass Sie den Telefonhörer abgenommen haben, bedeutet nämlich nicht automatisch, dass Sie jetzt sofort für den Anrufer alle Zeit dieser Welt zur Verfügung stellen müssen).
   - Schreiben Sie eine E-Mail statt zu telefonieren.
   - Vereinbaren Sie mit häufigen und lästigen Störern eingeschränkte Telefonzeiten.
   - Vereinbaren Sie mit einer Kollegin für einen bestimmten Zeitraum eine Anrufumleitung und leisten Sie ihr denselben Dienst.
   - Schalten Sie ruhig auch einmal Mailbox oder Anrufbeantworter an.
   - Begrenzen Sie den Small Talk und konzentrieren Sie sich auf das Thema.
   - Sagen Sie Nein zu überflüssigem Bürotratsch.

2. Durch die vielen Besucher von außen oder von Kollegen komme ich oft nicht zu meiner eigentlichen Arbeit.
   - Führen Sie ein »Bitte nicht stören«-Schild ein. Sie werden sehen, Ihre Kollegen lernen schnell!

- Verlagern Sie die Bearbeitung wichtiger oder schwieriger Aufgaben in ruhige Stunden (frühmorgens, während der allgemeinen Mittagspause, Spätnachmittag).
- Verlagern Sie Ihren Arbeitsort (verstecken Sie sich für ein oder zwei Stunden in der Bibliothek oder in einem ungenutzten Besprechungsraum) oder legen Sie einen Home-Office-Tag ein.
- Vertagen Sie das Gespräch und vereinbaren Sie mit dem Besucher einen neuen Termin.
- Würgen Sie Unwichtiges sofort freundlich, aber bestimmt ab.
- Signalisieren Sie das Ende des Gespräches durch Bemerkungen wie »Eine letzte kurze Frage, bevor Sie gehen ...«

3. Die Besprechungen dauern häufig viel zu lange, und oft ist das Ergebnis von Teamsitzungen für mich unbefriedigend.
   - Hinterfragen Sie Ihre eigenen Ansprüche und setzen Sie realistische Maßstäbe.
   - Gehen Sie auf Vorschläge anderer mit Offenheit und Toleranz ein. Nicht jeder ist so perfekt wie Sie – und muss es auch gar nicht sein.
   - Aktivieren Sie Ihren Whynotter: Seien Sie sparsam mit Kritik und loben Sie auch einmal Ideen, die zwar nicht perfekt, aber gut brauchbar sind.
   - Überprüfen Sie für sich, ob statt der perfekten Lösung nicht auch eine 70-Prozent-Lösung reicht.
   - Bereiten Sie sich gut vor und fordern Sie auch von den anderen Teammitgliedern eine gute Vorbereitung.

- Unterstützen Sie eine zielorientierte und straffe Durchführung des Meetings. Schweifen Sie nicht selbst ab, verbeißen Sie sich nicht perfektionistisch in unwichtigen Details und lassen Sie auch mal fünf grade sein.
- Überprüfen Sie, ob Sie eventuell nur bei wichtigen Punkten temporär teilnehmen können.
- Selektieren Sie Ihre Besprechungen konsequent: Müssen Sie wirklich zwingend selbst anwesend sein? Manchmal reicht ein Stellvertreter oder eine schriftliche Stellungnahme.

4. Große, zeitintensive und daher oft unangenehme Aufgaben schiebe ich meistens vor mir her, da ich vor lauter anderen Aufgaben nie dazu komme, sie in Ruhe anzugehen.
   - Entscheiden Sie endgültig, ob Sie die Aufgabe erledigen müssen oder nicht.
   - Wenn ja, zerlegen Sie sie in Teilaufgaben, definieren Sie smarte Ziele und arbeiten Sie diese Schritt für Schritt ab.
   - Motivieren Sie sich positiv: Fokussieren Sie auf das tolle Ergebnis, nicht auf die unangenehme Durchführung.
   - Belohnen Sie sich nach der Erledigung selbst.
   - Erledigen Sie sie im Leistungshoch – wenn Sie ohnehin schon völlig erledigt sind, schaffen Sie etwas Schwieriges oder Unangenehmes erst recht nicht.

5. Ich versuche oft, zu viele Aufgaben auf einmal zu erledigen. Dabei mache ich zu viel Kleinkram und kann mich zu wenig auf die wichtigsten Aufgaben konzentrieren.

- Verschaffen Sie sich einen Überblick über Ihre gesamten Aufgaben, setzen Sie wie weiter vorne beschrieben Prioritäten und halten Sie diese mit eiserner Disziplin ein. Sie sollten nicht den Verlockungen und Ablenkungen des Augenblicks erliegen!
- Halten Sie eine angemessene Ordnung auf dem Schreibtisch.
- Ihr Gehirn kann kein Multitasking: Arbeiten Sie eine Aufgabe nach der anderen seriell ab.
- Konzentrieren Sie sich auf die jeweilige Arbeit. Wenn Ihnen dabei etwas Dringendes einfällt, lassen Sie nicht alles stehen und liegen, um dieses zuerst zu erledigen, sondern notieren Sie sich das Thema in Ihrem Notizbuch und beenden Sie zuerst Ihre aktuelle Tätigkeit.
- Delegieren Sie möglichst viel an Aushilfen, Praktikantinnen, Kollegen und andere bedauernswerte Geschöpfe.

6. Meine Zeitpläne und Fristen halte ich häufig nur unter Termindruck ein, da immer viel Unvorhergesehenes dazwischenkommt oder weil ich mir zu viel vorgenommen habe.
   - Erstellen Sie rechtzeitig eine konkrete Planung mit smarten Zielen, festen Terminen und Zeitpuffern für unvorhergesehene Verzögerungen und Probleme.
   - Unvorhergesehenes sollten Sie kritisch prüfen, ob, wann, wie ausführlich und von wem es erledigt werden muss.
   - Bei Unwichtigem gilt die strikte Regel: Nein sagen! (siehe Seite 128).

7. Ich habe zu viel Papierkram auf dem Schreibtisch, mein Schreibtisch ist nicht gerade übersichtlich geordnet. Aufgaben notiere ich auf Post-its, die gerne einmal verloren gehen.

- Nehmen Sie sich Zeit, um einmal gründlich Ordnung zu schaffen und eine sinnvolle Ablage aufzubauen.
- Ab dann gilt tägliche Disziplin: benutzte beziehungsweise erledigte Dinge sofort aufräumen, ablegen oder wegwerfen.
- Benutzen Sie eine Wiedervorlagemappe für Terminsachen – funktioniert viel besser als eine wirrer Stapel in einem Ihrer unzähligen Ablagekörbchen!
- Sortieren Sie Eingänge: Kleinigkeiten sofort erledigen, größere Arbeiten mit Termin in die Wiedervorlage.
- Überfliegen Sie Post, Umläufe und E-Mails nur und lesen Sie ausschließlich bei echtem Bedarf gründlich.

8. Die Delegation von Aufgaben klappt nur selten zu meiner Zufriedenheit. Oft muss ich Dinge erledigen oder nachbearbeiten, die eigentlich andere hätten machen können – aber sie machen es selten gut genug.

- Die Maßstäbe und Anforderungen der jeweiligen Aufgabe sollten Sie gemeinsam mit dem Beauftragten realistisch definieren und ganz klar kommunizieren. Vergewissern Sie sich durch Nachfragen, ob Sie beide wirklich das gleiche Verständnis über Art und Umfang der Arbeit haben.
- Kompetenzen und Entscheidungsbefugnisse sollten Sie zu Beginn klären und mitdelegieren.

- Ihre Toleranz ist wieder einmal gefragt: Wenn klar ist, was der andere machen soll, hat er die Freiheit, es auf seine Weise zu tun – auch wenn Sie es ganz anders angehen würden. Hauptsache, das festgelegte Ergebnis stimmt am Ende. Also, Zähne zusammenbeißen und gewähren lassen! Ungefragte Ratschläge und akribische Vorschriften tragen enorm zur Demotivation Ihres hoffentlich willigen Helfers bei.

9. Bei Routineaufgaben habe ich Angst, Details zu vergessen, und brauche daher ungewöhnlich lange dafür.
   - Erklären Sie einmal zum Beispiel einer Praktikantin den Ablauf der Aufgabe und delegieren Sie sie dann – der Erklärungsaufwand rechnet sich auf jeden Fall!
   - Erstellen Sie eine Checkliste und benutzen Sie diese zur Kontrolle und Sicherheit.
   - Erledigen Sie diese Aufgaben frühmorgens mit frischer Konzentration.
   - Legen Sie zwischendurch Entspannungspausen ein.
   - Kontrollieren Sie einmal konzentriert Ihre Arbeit, dann beenden Sie die Aufgabe und nehmen Sie in Kauf, dass vielleicht tatsächlich noch ein kleiner Flüchtigkeitsfehler übrig bleibt. Der ist es aber nicht wert, dass Sie ihm noch mehr Zeit und Nerven opfern!

10. Mit dem Aufspüren von Telefonnummern, Adressen und Unterlagen verbringe ich Zeit, die ich für meine eigentliche Arbeit brauchte.

- Erstellen Sie einmal eine sinnvolle Ablage oder Adress-
  datenbank und benutzen und pflegen Sie sie konsequent.
- Misten Sie viertel- oder halbjährlich aus und entsorgen
  Sie nicht mehr benötigte Unterlagen beziehungsweise
  Einträge.

So weit, so gut, sagen Sie. Das hilft mir schon sehr weiter, meinen
perfektionistischen Arbeitsstil zu dämpfen und im Team besser
klarzukommen. Aber ein großes Problem habe ich immer noch:
Ich kann so schlecht Nein sagen! Entweder, weil es mir schmeichelt, wenn jemand darauf besteht, dass ich etwas selbst erledi-
ge (»Keine kann das so gut wie du!«), oder weil ich mich nicht
traue, einfach eine Aufgabe abzulehnen. Und wenn ich einfach
immer wieder in viel zu vielen Aufgaben ertrinke, nutzen all die
tollen Tipps gar nichts!

Stimmt. Die Flut muss eingedämmt werden – daher beschäftigen wir uns nun mit der Frage, wie Sie möglichst sozialverträglich und elegant auch einmal Nein sagen können.

Der elegante Nein-Verkauf

Wer sagt schon gerne Nein, wenn ein anderer um Hilfe bittet?
Sicher, es gibt hartgesottene Zeitgenossen, denen das völlig egal
ist, doch die meisten Menschen schlagen anderen ungern eine
Bitte ab. Manchmal werden sie dabei auch ein Opfer perfider
Strategien: Geschmeichelt von der Erwartungshaltung der an-

deren versprechen sie Dinge, die sie später nur mit Müh und Not halten können.

Gerade im beruflichen Umfeld wird der mehr oder weniger subtile Druck auf die Hilfs- und Leistungsbereitschaft immer größer. Heutzutage wird von einer ehrgeizigen und engagierten Mitarbeiterin einfach erwartet, dass sie zu allen Zusatzaufgaben freudig Ja und Amen sagt, ansonsten werden gerne mangelnde Motivation und Leistungsschwäche unterstellt. Und da Sie als Perfektionistin ohnehin zu übermenschlichen Anforderungen an sich oder andere neigen, fällt es Ihnen wahrscheinlich besonders schwer, Ihrem Chef oder Kollegen auch einmal ein realistisches entschiedenes »Nein!« ins Gesicht zu schmettern.

Nichtsdestotrotz ist es natürlich Ihr Recht und sogar Ihre Pflicht, auch einmal Nein zu sagen. Niemandem ist geholfen, wenn Sie mit Mitte Zwanzig einen Burnout haben. Es gibt Gott sei Dank etliche Möglichkeiten, sanft, aber entschieden Nein zu sagen. Den anderen wird es nach wie vor nicht gefallen, dass Sie sich weigern, aber Sie können ihnen die Pille wenigstens so süß wie möglich verabreichen.

1. Ihr Chef kommt mit einer zusätzlichen Aufgabe daher, die Sie unmöglich auch noch schaffen können.
   - Hinterfragen Sie die Wichtigkeit, Dringlichkeit und den Umfang der Aufgabe – viele Dinge stellen sich bei näherem Hinsehen als wenig durchdacht und überflüssig heraus.
   - Weisen Sie ihm durch eine konkrete Auflistung Ihrer Tätigkeiten nach, dass Sie seit Monaten ohnehin schon 150 Prozent arbeiten und Ihnen wegen Ihrer Überstunden der Betriebsrat schon auf die Pelle rückt.
   - Zur Not zücken Sie Ihre Aufgaben- und Stellenbeschreibung und fragen ihn, wie sich diese zusätzliche Tätigkeit damit vereinbaren lässt.
   - Sagen Sie ihm begeistert, dass Sie diese Aufgabe superinteressant finden und wahnsinnig gerne übernehmen möchten – er soll Ihnen nur sagen, welche Ihrer bisherigen Aufgaben Sie dafür an wen abgeben sollen.
   - Falls Sie doch noch nicht bei 150 Prozent Arbeit sind und insgeheim denken, dass Sie es so grade schon noch schaffen könnten – handeln Sie dann wenigstens attraktive Bedingungen aus (ein neuer Dienstwagen, Überstunden werden ausbezahlt, Sie dürfen auf den Kongress in San Francisco fahren, es gibt eine üppige Prämie …).

2. Eine Kollegin will Ihnen eine weitere Aufgabe aufs Auge drücken.

- Sie schmeichelt Ihnen: »Du kannst das doch so gut«, »Dir fällt es doch so leicht« – Bedanken Sie sich für das Kompliment und sagen Sie ihr, dass Sie ihr – großzügig wie Sie sind – die Chance geben wollen, es durch Übung zu gleicher Meisterschaft wie Sie zu bringen und sie es daher ab jetzt selber machen darf.
- Sagen Sie einfach Nein – ohne weitere Erklärungen oder Entschuldigungen.
- Hören Sie sich die Bitte an und sagen Sie, dass Sie darüber nachdenken werden. Dadurch zeigen Sie ihr, dass Sie ihr Anliegen durchaus ernst nehmen und gründlich abwägen. Und sagen Sie dann nach reiflicher Überlegung Nein.
- Gehen Sie nicht auf die Bitte ein, wechseln Sie das Thema.

Und hier noch ein paar allgemeine kurze und knackige Formulierungen für ein Nein:

- Reizvolle Aufgabe – geht aber leider nicht.
- Es passt leider gerade überhaupt nicht, und ich kann auch noch nicht absehen, wann.
- Tut mir sehr leid für Sie – aber das ist bedauerlicherweise nicht meine Aufgabe, und die zuständigen Kollegen mögen es gar nicht, wenn ich mich einmische.
- Mein Nein hat nichts mit Ihnen zu tun – das mache ich prinzipiell nicht.
- Tut mir Leid, aber dazu habe ich wirklich keine Lust.

Mut zur Lücke –
Schlampinen-Tipps

Sie haben erfolgreich Ihre perfektionistischen Erwartungen auf ein menschliches Maß zurückgeschraubt und stehen auch dazu; Sie haben an Ihrem Arbeitsstil gefeilt, die Zusammenarbeit mit anderen Kollegen entspannender gestaltet und sich mit Ihren Fehlern angefreundet. Trotzdem gibt es im Leben immer wieder einmal Situationen, in denen Sie gerne den Anschein von Perfektion erwecken würden, auch wenn Sie es gerade einmal nicht sind. Für diese Fälle noch einige praxiserprobte Wurschtel-tipps, die Ihnen kurzfristig einmal aus der Klemme helfen können. Viel Spaß beim Ausprobieren!

Perfekte Ordnung *Ihr Schreibtisch ist von Papierstapeln übersät und sieht chaotisch aus, weil Sie wieder einmal Ihre Prioritäten aus dem Auge und sich selbst in unwichtigen Details verloren haben, aber der pedantische Chef kommt in fünf Minuten vorbei? Halten Sie in Ihrem Schreibtisch für solche Notfälle eine der oberen Schubladen frei. Fegen Sie mit Schwung die ganzen Stapel – bis auf ein paar von wichtiger Arbeit kündende Dokumente – hinein. Ihr Schreibtisch erweckt den Eindruck konzentrierter und zielgerichteter Arbeit, und richtig aufräumen können Sie auch noch später.*

Kreatives Chaos *Sie können natürlich auch aus der Not eine Tugend machen. Wenn eine einzige Schublade nicht mehr reicht, bereiten Sie ein paar bunte Post-its mit dicken Pfeilen und Anmerkungen wie »Wichtig!«, »Überprüfen!« oder »Bezug zu ...« sowie ein oder*

zwei Mind Maps mit farbigen Ästen und unleserlichem Gekritzel vor.
Verteilen Sie diese Utensilien locker auf dem ganzen Schreibtisch und
bezeichnen Sie das Ganze stolz als Ihr kreatives Chaos, ohne das Sie
gar nicht arbeiten könnten.

80 Prozent als 100 Prozent verkaufen *Leider sind Sie mit einer
Aufgabe mal wieder nicht ganz perfekt fertig geworden, müssen Sie
aber trotzdem abliefern. Da hilft die gute alte Verkaufstechnik weiter.
Jeder gute Verkäufer kennt das »Gerade weil«-Muster für Fehler und
Mängel in seinem Produkt. »Gerade weil die neue Strategie so grund-
legend wichtig ist, habe ich die Knackpunkte offen gelassen, damit wir
noch einmal gemeinsam das Optimum definieren können!«, können
Sie selbstbewusst sagen, wenn Sie nicht mehr dazu gekommen sind,
sie auszuarbeiten. Noch wirksamer funktioniert der Trick, wenn Sie
ihn mit einer hübschen Schmeichelei verbinden: »Beim letzten Mee-*

ting fand ich Ihre Anregungen zu diesen Punkten besonders wertvoll und möchte sie unbedingt noch integrieren.«

Lücken kaschieren *Kurz vor einer Präsentation fällt Ihnen auf, dass Sie die wichtigsten Schlussfolgerungen und Vorschläge gar nicht ausgearbeitet haben oder Ihnen dabei ein Fehler unterlaufen ist. Dummerweise reicht die Zeit nicht mehr, diese Punkte gründlich auszuarbeiten. Da hilft nur schnelles Improvisieren. Entwerfen Sie flugs ein paar grobe alternative Vorschläge auf Basis von Schlagworten, stellen Sie diese als Szenariotechnik vor und überlassen Sie durch gezielte und aktivierende Fragen die Denkarbeit Ihrem Publikum. Sie werden zudem noch für Ihren interaktiven und teilnehmerorientierten Vortragsstil und Ihre Flexibilität gelobt werden.*

Der Matador *Sie stellen bei einer Ihrer Arbeiten gravierende Fehler fest, die Sie nicht mehr unauffällig beseitigen können? Spielen Sie den Matador und packen Sie den Stier bei den Hörnern: Geben Sie Ihre Fehler offen zu und zeigen Sie positive Folgen auf. (Ja, ja, selbst Ihre Fehler sind perfekt!) Wenn Sie selbst einen Fehler eingestehen anstatt zu versuchen, ihn zu verbergen, nehmen Sie den anderen den Wind aus den Segeln: Man tritt nicht mehr auf jemanden, der schon am Boden liegt. Und wenn Sie die bittere Pille noch durch ein paar unerwartete positive Aspekte versüßen können, umso besser. »Bei der Budgetkalkulation habe ich die externen Leistungen nicht berücksichtigt und daher 10 000 Euro zu wenig eingestellt. Aufgrund dieses Fehlers arbeite ich gerade einen Vorschlag zur Kostenreduzierung aus, der uns bei der zukünftigen Planung der externen Leistungen ein hohes Einsparungspotenzial garantiert.« Wow!*

Sie können auf eine Frage nicht antworten, obwohl Sie es eigentlich wissen müssten. Aus Imagegründen wollen Sie dies aber nicht zugeben – keiner soll merken, dass Sie doch nicht perfekt sind! Was Sie brauchen, ist Zeit, damit Sie schnell nach einer halbwegs passenden Antwort suchen können. Auch Politiker sind oft einer solchen Situation ausgesetzt und haben die folgenden erfolgreichen Strategien zum Zeitgewinn entwickelt:

Qualifizierende Gegenfrage *Eine der wirksamsten Methoden, wenn man so schnell keine Antwort parat hat: Auf eine schwierige Frage antworten Sie mit »Welcher Aspekt dieser Thematik interessiert Sie besonders?«, »Was ist der Hintergrund dieser Frage?«, »Welches ist denn Ihre Meinung/Erfahrung/Ihr Informationsstand dazu?«, »Was genau meinen Sie damit?«, »Auf welchen Punkt genau wollen Sie hinaus?«, »Wie darf ich Ihre Frage verstehen?«. Das zwingt den Frager dazu, seine Frage genauer zu erläutern, selbst noch einmal darüber nachzudenken oder sie umzuformulieren – während dieser Zeitspanne kann Ihr Hirn auf Hochtouren arbeiten, um eine Antwort zu finden.*

Ablenkung *Falls Sie dennoch keine Antwort finden können, hilft eine weitere Strategie zum Zeitgewinn: das Ablenkungsmanöver. Greifen Sie ein Stichwort der Frage auf und benutzen Sie es als Überleitung zu einem anderen Thema, bei dem Sie firm sind. Während Sie darüber reden, können Sie nebenbei wieder fieberhaft nach Antworten zur ursprünglichen Frage suchen. Auf »Wie hoch sind denn nun die Kosten der neuen Werbekampagne?« entgegnen Sie: »Sie sprechen* *einen wichtigen und interessanten Punkt an. Bei der letzten Prüfung hat sich herausgestellt, dass das Kostenbewusstsein der Mitarbeiter noch nicht zufrieden stellend ...« Wenn Sie großes Glück haben, vergisst der Frager sogar seine Ausgangsfrage über Ihren interessanten Ausführungen.*

Begründete Verweigerung *Falls Sie abschätzen können, dass Ihnen auch mit viel Zeitgewinn so schnell nichts dazu einfallen wird, verweigern Sie einfach die Auskunft – aber nur mit einer plausiblen Begründung: »Aus abteilungsinternen Gründen möchte ich dazu in dieser Phase noch keine Stellungnahme abgeben« oder »Diese Frage lässt sich in der Kürze der Zeit nicht qualifiziert beantworten!«, auch das vage »Ich bin nicht befugt, in diesem Rahmen dazu Stellung zu nehmen« funktioniert oft. Besonders selbstbewusst und schon leicht aggressiv klingt: »Ich gebe prinzipiell keine vorschnellen und oberflächlichen Auskünfte zu diesem Punkt.« Wollen Sie hingegen den Frager direkt auflaufen lassen, disqualifizieren Sie die Frage als »dem Rahmen und der Thematik absolut nicht angemessen«.*

Tränendrüse *Weil Sie alles perfekt machen wollten, haben Sie sich verzettelt und nur einen Teil Ihrer Arbeit geschafft und werden deshalb zum Chef zitiert. Manche Vorgesetzte sind durchaus für ein schlechtes Gewissen und daraus resultierendes Mitleid empfänglich: Schildern Sie plastisch und in epischer Breite, wie überlastet, aber dennoch hoch motiviert und leistungsbereit Sie sind, mit welchen unglaublichen Schwierigkeiten Sie trotz allem souverän fertig werden und dass es schon fast übermenschlich ist, was Sie alles geschafft haben. Ein dafür empfänglicher Mensch wird sich als elender Sklaven-*

treiber und Ausbeuter fühlen und Sie ob Ihrer heroischen Anstrengungen womöglich bewundern und Ihnen mitfühlend die Schulter tätscheln.

Goldene Regeln

1. Setzen Sie sich menschliche Maßstäbe.
2. Arbeiten Sie mit der Methode der kleinen Schritte.
3. Fordern, aber überfordern Sie andere nicht.
4. Freuen Sie sich über Ihre Fehler, Sie können aus ihnen lernen.
5. Manchmal ist Mogeln erlaubt.
6. Lachen Sie über sich!

6 Spieglein, Spieglein an der Wand

Barbara, Mitte dreißig, ist eine Frau mit Stil und Klasse – sagen zumindest ihre Freunde. Sie hat eine gute Figur und versteht es, ihre Vorzüge durch geschickte Kleidung und individuelles Styling hervorzuheben oder ihre (vermeintlichen) Schwachstellen zu kaschieren. Barbaras größte Vorzüge sind ihre schier endlos langen Beine und die kräftigen, glänzend braunen, halblangen Haare. Doch sie selbst hält ihre Beine für viel zu dick, insbesondere die Waden (dass sie keine normalen Stiefel mit Reißverschluss bekommt, ist ja wohl Beweis genug), deshalb trägt sie nur selten kurze Röcke oder Kleider, und wenn doch, dann nur mit dunklen Strümpfen und hohen Absätzen, das streckt optisch.

Auch mit ihrer Haarpracht ist Barbara nicht ganz glücklich, muss sie sich doch täglich mit deren Zähmung abplagen. Außerdem kann sie sich nie entscheiden, ob sie sie nun länger wachsen oder wieder abschneiden lassen soll, deshalb sind sie stets entweder zu kurz zum Hochstecken oder zu lang und unpraktisch für Barbaras Sportaktivitäten. Doch Beine und Haare sind ja längst nicht alle Schwachpunkte, die sie im Visier hat. Barbara findet ihren Busen zu klein und zu schlaff (wird mit Pushups kaschiert), ihre Taille zu füllig (bloß nie betonen) und den Ansatz von Cellulite an ihren Oberschenkeln geradezu widerlich (schade, dass es die guten alten Badeanzüge mit Bein nicht mehr gibt).

Tapfer kämpft Barbara gegen den fortschreitenden körperlichen Verfall an. Seit einem halben Jahr ist sie Mitglied im Fit-

nessstudio und geht auch einigermaßen motiviert zweimal in der Woche hin, außerdem hat sie sich Joggingschuhe zugelegt – na ja, die sehen noch relativ neu aus, aber wenn sie erst ein bisschen mehr Kondition hat, wird sie es mit dem Laufen bestimmt probieren.

Was die theoretische Seite von Schönheit und Fitness angeht, ist Barbara Expertin. Kein Lifestyle-Magazin im Fernsehen, keine neue Wellness-Zeitschrift lässt sie sich entgehen. Kein Schönheits-, Fitness- oder Modetrend, den Barbara verpasst! Da macht ihr keiner was vor, und glücklicherweise ist sie es aus ihren Berufsleben gewohnt, realistisch, analytisch und problemorientiert zu denken und zu handeln, also optimiert sie ihr Äußeres, so gut es geht. Und das manchmal aufkeimende schlechte Gewissen, dass sie für ihren Optikfimmel, wie ihre Freundin es nennt, zu viel Geld und Zeit investiert, beruhigt Barbara mit dem Hinweis, dass (Lebens-)Qualität eben nicht zum Nulltarif zu haben ist. Im Vergleich zu anderen Leuten, wie ihrer Kollegin Xenia, die sich gerade für tausende Euro Fett absaugen ließ, findet Barbara, dass sich ihre Aufwendungen doch im Rahmen halten.

Vielleicht geht es Ihnen ähnlich wie Barbara und vielen Frauen: Sie konzentrieren sich stets auf Ihre (vermeintlichen) Nachteile und übersehen Ihre Vorzüge. Der Spiegel ist eher Feind als Freund, Sie sind unzufrieden mit Ihrem Aussehen und/oder Ihrer Figur. Die Phrasen von den inneren Werten können Sie nicht mehr hören? Dann sollten Sie Ihre Erwartungshaltung an Ihr äußeres Erscheinungsbild relativieren und diesen zentralen Bereich Ihres Lebens durch praktikable Tipps und Tricks entstressen.

Schön, fit und schlank

Welche Frau kennt es nicht, das Gefühl, nicht attraktiv und schön genug, nicht wohlgeformt und schlank genug, nicht durchtrainiert und fit genug zu sein? Ein Blick in den Spiegel genügt, um unser Versagen nur allzu deutlich zu machen. Da nützen auch alle gegenteiligen Beteuerungen von liebevollen Partnern und wohlmeinenden Freunden wenig: Cellulite an den Oberschenkeln lässt sich weder wegdiskutieren noch durch überdurchschnittliche Intelligenz ausgleichen, sondern stellt in den Augen fast aller Frauen einen Makel dar, den es zu bekämpfen oder wenigstens zu vertuschen gilt. Aber Makel bleibt Makel und schlägt sich als solcher negativ auf unserem Selbstwertkonto nieder.

Egal, welche Zeitschrift Sie aufschlagen, welchen Fernsehkanal Sie einschalten, die Medienwelt ist voll von beneidenswert schönen, gertenschlanken und vor Gesundheit und Fitness strotzenden Menschen – lauter Barbies und Kens. Wie soll man da mithalten? Auch wenn Sie grundsätzlich nicht unter mangelndem Selbstbewusstsein leiden, werden Sie das nagende Gefühl kennen, immer dem Ideal hinterherzurennen.

Nur wer jung, fit, schlank und schön ist, hat in dieser Welt Chancen, wollen uns die Medien glauben machen. Schon in der Schule werden hübsche Kinder bevorzugt, im Berufsleben bekommen sie leichter eine Stelle (eine neuere Statistik aus Amerika besagt, dass dicke Frauen deutlich schlechter einen Job bekommen), und auch in der Liebe haben sie angeblich die besseren Chancen. Gutes Aussehen wird in unserer Gesellschaft belohnt, und gerade bei Frauen wird die Messlatte hoch angesetzt. Bei Männern sind die Ansprüche nicht ganz so rigoros; im gesetzteren Alter können sie zudem äußerliche Mankos durch ein dickes Bankkonto kompensieren.

Wenn es draußen in der Welt gerade keine Schlachten zu schlagen gilt, dann kämpfen wir eben gegen uns selbst. Gegen Fettpölsterchen und Cellulite, gegen die Schwerkraft und das Alter, gegen unseren inneren Schweinehund und lieb gewonnene Gewohnheiten.

Viele Frauen geben ein Vermögen für Kosmetikprodukte und -behandlungen, Schlankheitskuren oder gar Schönheitsoperationen aus, nur um sich dem Ideal von Schönheit und Schlankheit näher zu bringen. Schon 17- oder 18-jährige Mädchen legen sich unters Messer – oft von den Eltern ermutigt und gesponsert – und riskieren Entstellungen oder irreversible Gesundheitsschäden.

Betrachtet man die Sache nüchterner, fällt auf, dass es sich bei den aktuell gültigen Idealen keineswegs um Naturgesetze, sondern vielmehr um ein sehr junges Phänomen handelt. Erst Anfang der siebziger Jahre – die Kriegswunden waren so weit geheilt, die Entbehrungen vergessen, Lebensfreude stand auf dem Plan, und das Körperbewusstsein erwachte neu – wurde aus dem Schlankheits- ein Magerkeitsideal. Fortan hungerten sich Generationen von jungen Mädchen und Frauen zum Skelett, irreparable gesundheitliche Schäden wurden und werden in Kauf genommen – bis hin zum Tod.

Längst wurde der Schlankheitswahn wissenschaftlich, psychologisch und medizinisch ad absurdum geführt. So greift der Körper bei Unterschreitung eines individuellen Mindestgewichts zu Notmaßnahmen (zum Beispiel bleibt die Regel aus), das Immunsystem wird nachweisbar geschwächt, und Alterungsprozesse schreiten schneller voran.

Dessen ungeachtet übernehmen weiterhin auch sonst durchaus intelligente Frauen und Mädchen diese einseitigen, mediengesteuerten Erwartungen, Ideale und Vorbilder. Ina, Mitte 40, Konfektionsgröße 38, kämpft seit Jahren gegen Windmühlen: ihre vermeintlich zu breiten Hüften, den zu dicken Po. Vier Mal in der Woche rückt sie den Hüften im Fitnessstudio oder auf dem Rennrad massiv zuleibe. Vergeblich sucht man an Ina ein einziges überflüssiges Gramm Fett. Unbeirrt trainiert sie weiter gegen ihre Natur an, kasteit sich beim Essen, auch wenn sie weiß, dass sie ihr Ziel wahrscheinlich nie erreichen wird.

So können von außen gesteuerte Erwartungshaltungen so sehr verinnerlicht werden, dass sie geradezu zur Besessenheit, zum reinen Selbstzweck avancieren. Wir wissen doch ganz genau, dass all die tollen Frauen in den Hochglanzmagazinen, in Film und Fernsehen von Profis geschminkt werden, absolut vorteilhaft gekleidet sind und im bestmöglichen Licht von ihrer Schokoladenseite präsentiert werden. Von all den gängigen kleineren und größeren Schönheitsoperationen einmal ganz zu schweigen. Wir wissen, dass da gemogelt wird, was das Zeug hält, warum glauben wir trotzdem, an einem ganz normalen Tag so aussehen zu müssen, wie Sharon Stone nach fünf Stunden in der Maske? Wollten wir den lästigen Quälgeist namens Perfektion nicht in seine Schranken weisen?

Außerdem birgt makellose Schönheit auch negative Aspekte: Schönheiten werden auf Äußerlichkeiten reduziert, alle anderen Facetten ihrer Persönlichkeit werden ausgeblendet (nicht umsonst gibt es Blondinenwitze). Auch gilt außergewöhnliche Schönheit in vielen Bereichen als unseriös und macht zudem häufig einsam, weil viele Mitmenschen aus Angst vor Zurückweisung lieber auf Abstand bleiben.

Also, warum Ideale von außen, wozu Idole aus den Medien? Machen Sie sich selbst zum Idol! Setzen Sie sich zum persönlichen Ziel, vom unreflektierten Vorbild zum positiven Selbstbild zu gelangen!

Lernen Sie, stolz auf Ihren Körper zu sein, ihn zu lieben. Lernen Sie, den Kern Ihrer Persönlichkeit positiv zur Geltung zu bringen – und das alles möglichst entspannt, unverkrampft und unperfektionistisch!

Gerade in diesem Lebensbereich ist Perfektionsstreben fatal: Die Authentizität, die Einzigartigkeit und Natürlichkeit einer Person gehen verloren. In diesem Kapitel zeigen wir Ihnen Hilfe zur Selbsthilfe für diesen zentralen Bereich Ihres Lebens auf. Die folgende Bestandsaufnahme hilft Ihnen, zunächst Ihre persönlichen Entwicklungsfelder zu identifizieren und Ihr ganz persönliches Maß der Dinge zu finden. Und dann gilt es, die neuen Erkenntnisse mit Lust statt Frust im Alltag umzusetzen.

Das Maß der Dinge

Nun aber zuerst runter mit den Klamotten: Das Evaskostüm ist jetzt gefragt. Legen Sie sich ein hübsches Buch und einen schönen Stift bereit, stellen Sie sich vor Ihren Schlafzimmerspiegel und schauen Sie einmal genau hin.

Ich bin, wie ich bin

1. Schritt: Betrachten Sie sich von Kopf bis Fuß, von vorne, von hinten und von der Seite. Notieren Sie dabei alles, was Ihnen an Urteilen und Bewertungen in den Sinn kommt – so ungeschminkt und ungefiltert, wie Ihre Gedanken und Gefühle daherkommen. Nehmen Sie eine Seite für Ihre Stärken und Vorzüge, eine zweite für Ihre vermeintlichen Fehler und Schwächen. Sollten Sie beim ersten Überfliegen feststellen, dass Sie nur negative Äußerungen notiert haben, machen Sie einen zweiten Durchgang, bei dem Sie ausdrücklich nur auf Ihre Vorzüge achten. Gehen Sie dabei ruhig ins Detail: Ob Sie Ihre Ohrläppchen entzückend finden, die Form Ihrer Zehennägel Ihnen geradezu ideal erscheint, der Schimmer Ihrer Haare betörend ist, Ihre Hüfte eine elegante Kurve bildet oder Ihnen der sanfte Schwung Ihrer Augenbrauen gut gefällt – alles zählt und wird aufgeschrieben! Und vergessen Sie neben solchen Äußerlichkeiten nicht die Persönlichkeitsattribute, die Ihre Schönheit erst lebendig machen: Ihr herzliches Lachen, Ihren wachen, neugierigen Blick oder Ihre natürliche Eleganz und Anmut.

2. Schritt: Damit Ihnen nicht zu kalt wird, kramen Sie Ihr Lieblingsoutfit heraus, in dem Sie sich immer besonders wohl fühlen und attraktiv finden. Stellen Sie sich darin wieder vor den Spiegel, betrachten Sie sich eingehend und notieren Sie wieder, was Ihnen daran so gut gefällt und warum. Betont es Ihre langen Beine so schön? Bringt es Ihre Dynamik besonders gut zum Ausdruck? Fühlen Sie sich darin souveräner als sonst? Lässt es Ihnen genug Bewegungsfreiheit und sieht doch angemessen elegant aus? Ruft es wunderbare Erinnerungen in Ihnen wach? Harmoniert es so schön mit Ihrer Augenfarbe? Fühlen Sie sich darin besonders sexy? Notieren Sie wieder alles, was Ihnen in den Sinn kommt.

3. Schritt: Nun setzen Sie sich in einen bequemen Sessel oder werfen Sie sich auf Ihr Sofa. Wenn Sie mögen, gießen Sie sich ein Glas Prosecco ein, greifen Sie zu der Liste Ihrer Fehler und Schwächen und sortieren Sie sie: Welche davon sind ohnehin unveränderbar (breite Hüften etwa, zu große Füße, kleine Augen, Cellulite – die Werbung lügt Ihnen da nämlich kräftig etwas vor, bisher hat keine der Methoden und Wundermittelchen auch nur ansatzweise geholfen), welche können Sie mit vertretbarem Aufwand beeinflussen? Und mit vertretbarem Aufwand sind sicherlich keine gefährlichen und teuren Schönheitsoperationen oder schädlichen Crash-Diäten gemeint! Hier geht es eher um so etwas wie einen tollen neuen Haarschnitt und eine Pflegekur gegen sprödes, glanzloses Haar, um ein paar Kilos, die Sie vielleicht durch mehr Bewegung und bewusste Ernährung loswerden wollen, oder um kleine Besenreiser an den Knöcheln, die tatsächlich schonend entfernt werden könnten.

4. Schritt: Nehmen Sie sich nun Ihre unveränderbaren so genannten Mankos vor und überlegen Sie bitte ehrlich, ob es sich wirklich um Defizite handelt. Marilyn Monroe hatte auch breite, üppige Hüften und wird heute noch als Sexgöttin verehrt! Große Füße fallen doch allenfalls Ihnen selbst beim Schuhkauf auf – oder haben Sie es tatsächlich schon einmal erlebt, dass sich auf der Straße jemand nach einem Blick auf Ihre Füße entsetzt und schockiert abgewandt hat? Und die viel gehasste Cellulite – was, bitte schön, ist denn so schlimm an ein wenig strukturierter Haut? (Abgesehen davon scheint den meisten Männern das Wahrnehmungsvermögen für Cellulite ohnehin zu fehlen – eine kürzlich veröffentlichte Umfrage ergab, dass etliche Herren noch nicht einmal wussten, was das ist!)

Suchen Sie sich ruhig noch weitere Modelle, die gerade wegen der von Ihnen als Mangel angesehenen Eigenart bewundert und für attraktiv gehalten werden (Sophia Lorens voller Busen, Jennifer Lopez' üppiger Po, Madonnas Zahnlücke, Barbra Streisands eindrucksvolle Nase, Queen Latifahs füllige Figur, Cindy Crawfords Muttermal, Julia Roberts' großer Mund ...) Machen Sie sich wieder bewusst, dass ein Manko nur eine Frage der Betrachtung ist. Und es liegt an Ihnen, ob Sie wie ein Yesbutter hypnotisiert auf Ihre vermeintlichen Fehler starren oder wie ein Whynotter das Potenzial erkennen, das darin steckt!

Und selbst wenn Sie sich mit dem einen oder anderen in Ihren Augen kritischen Punkt nicht anfreunden können – warum, bitte schön, verschwenden Sie dann aber Energie und Zeit, sich darüber zu grämen? Als vernunftbegabter Mensch müsste Ihnen doch klar sein, dass das unsinnig ist und nichts bringt. Konzentrieren Sie sich lieber darauf, den Restbestand vermeintlicher Mängel so gut wie möglich in den Hintergrund treten zu lassen.

5. Schritt: Ziehen Sie nun die Liste Ihrer Vorzüge heran und erstellen Sie einen Maßnahmenkatalog mit folgenden Punkten:

- Wie kann ich meine Vorzüge noch besser betonen? Dabei wird Ihnen die Analyse Ihres Lieblingsoutfits wertvolle Hinweise geben: Sie fühlen sich wahrscheinlich deshalb so wohl darin, weil es Ihre Vorzüge betont und Ihre Mängel kaschiert. Welcher Kleidungsstil ist für Sie also offensichtlich der passende? Misten Sie daraufhin demnächst ruhig Ihren Kleiderschrank aus und entsorgen Sie alles, in dem Sie sich noch nie richtig wohl gefühlt haben. (Keine Angst, es wird noch genug übrig bleiben!)
- Was kann ich tun, um die verbleibenden unveränderbaren »Fehler« zu kaschieren?
- Was werde ich tun, um die mit vertretbarem Aufwand veränderbaren Defizite loszuwerden?

Nun sind Sie dran, entwerfen Sie Ihren individuellen Aktionsplan zum entspannteren Umgang mit entstressten Erwartungen an Ihren Körper, Ihre Figur und Ihre Bekleidung.

Achten Sie darauf, dass Sie Ihre Pläne und Vorhaben gemäß den Kriterien für smarte Ziele (s. Seite 93) formulieren, damit auch wirklich etwas daraus wird!

Nutzen Sie alle Hilfsmittel, die Ihnen zur Verfügung stehen: eine Freundin mit gutem Geschmack und Einfühlungsvermögen, ein guter Ratgeber zum Thema Typ- und Stilberatung, ein erstklassiger Friseur, ein guter Hautarzt, ein Optiker mit toller Auswahl an schicken Brillen, die Beratung einer stilsicheren Verkäuferin, all die wunderbaren kaschierenden und abdeckenden Kosmetikprodukte, stramme Miederhöschen ... Tun Sie ruhig alles in Ihrem Rahmen Mögliche, um sich mit sich rundum wohl zu fühlen, ohne dabei perfekt zu sein. Aber hören Sie endgültig damit auf, wie eines dieser hochgejubelten Idole aussehen zu wollen – Sie sind kein Klon von Britney Spears oder Claudia Schiffer, sondern eine individuelle, eigenständige Persönlichkeit! Betrachten Sie sich künftig selbst als das Maß der Dinge in Sachen Schönheit, Figur, Fitness und Optik.

Lust statt Frust

Aller Anfang ist schwer, aber Sie haben es bis hierhin erfolgreich geschafft, fremdbestimmte Standards durch selbstbestimmte zu ersetzen und für sich nun individuelle Messlatten für Figur und Fitness unter Berücksichtigung Ihrer Möglichkeiten (Physiognomie, Budget, Zeit ...) festzulegen. Aber so ganz können Sie es noch nicht glauben – deshalb greifen wir wieder in unsere Werkzeugkiste aus Kapitel 4 und knacken Ihre stressigsten Glaubenssätze.

Betrachten wir den zentralen Glaubenssatz von Barbara aus unserem Eingangsbeispiel: *Nur wenn man perfekt gestylt und bei allen Modetrends à jour ist, wird man anerkannt.*

Barbara hat diese (unrealistische) Erwartungshaltung zielführend hinterfragt, relativiert und einen neuen Glaubenssatz entwickelt. Nach dem Umformulierungsprozess lautet er: *Ich style mich nur, wenn es mir Spaß macht – die mir wichtigen Menschen lieben mich auch ungestylt.*

Diesen neuen Glaubenssatz hat sie dann mit der Technik des inneren Tonstudios emotional verstärkt, sodass er ihr jetzt ganz vertraut und richtig vorkommt.

Wahrscheinlich werden Ihnen Ihre stressigsten Glaubenssätze ziemlich schnell einfallen. Bearbeiten Sie sie ruhig sofort und entstressen Sie sie. Achten Sie aber auch im Alltag auf Ihre innere Stimme – in den unwahrscheinlichsten Situationen können weitere kleine Ungetüme auftauchen und Ihnen das Leben schwermachen. Schreiben Sie sie sofort auf und nehmen Sie sie sich in der nächsten ruhigen Stunde ebenfalls vor. So können Sie sich Schritt für Schritt von diesen geistigen Zwangsjacken befreien.

Gerade bei einem so sensiblen Bereich wie der eigenen Person sind die Angriffe auf unser Selbstverständnis und unser Selbstbewusstsein vielfältig. Schließlich wollen Sie ja wahrscheinlich nicht auf eine einsame Insel auswandern, nur um nicht mehr mit falschen Vorstellungen aus Werbung, Film und Fernsehen bombardiert zu werden. Also wäre es sicherlich hilfreich, noch ein paar weitere Ansätze zu haben, diesen Angriffen auch in der Alltagshektik tapfer standzuhalten. Auf in die Waffenschmiede!

Fangen wir an mit dem Körpergewicht. Sie haben beschlossen, dass Ihnen Ihr Wohlbefinden doch wichtiger ist als stressige Diätpläne. Dann hören Sie bitte auf, nach komplizierten Formeln das Ihrer Größe und Ihrem Alter entsprechend standardisierte Idealgewicht zu errechnen. Überlegen Sie lieber, mit welchem Gewicht Sie sich erfahrungsgemäß am wohlsten fühlen, und peilen Sie genau dieses *Wohlfühlgewicht* an.

Ein nächster sehr wichtiger Schritt: Werfen Sie auf der Stelle Ihre Waage weg oder schenken Sie sie Ihrer Lieblingsfeindin! Was sagt denn schon so eine Zahl? Ihr Körpergefühl und Ihre Augen sagen Ihnen besser als eine teure Körperfettwaage, die sowieso häufig nicht richtig funktioniert, ob Sie wirklich zu dick sind.

Und wo wir gerade bei Zahlen sind: Auch Kleidergrößen sind solche tückischen Biester. Viele Frauen berichten voll Stolz, dass sie nach einer Diät endlich wieder eine 36 oder 38 sind. Dass die Größenschildchen von den Herstellern zum Teil ziemlich willkürlich auf die Kleidungsstücke verteilt werden, kommt ihnen dabei nicht in den Sinn. Kaufen Sie sich eine scharfe Schere und trennen Sie nach einem Kauf als Allererstes die Größenschildchen heraus. Wichtig ist nicht, welche Größe darin steht, sondern, ob es Ihnen passt, gut sitzt und steht.

Um sich weiter gegen all die fremdbestimmten Vorgaben zu wappnen, proben Sie die Revolution und zwingen Sie sich ab und zu, eine richtig schlampige, unperfekte Frau zu sein. Gehen Sie ungeschminkt zum Bäcker (das erste Mal dürfen Sie eine riesige Sonnenbrille aufsetzen) oder erlauben Sie sich, zu Hause in bequemen, aber sehr uneleganten Gammelklamotten herumzulaufen, auch wenn Ihr Partner Sie lieber im gepflegten Businessoutfit sieht.

Waschen Sie Ihre Haare mindestens einen Tag später, als Sie es gewohnt sind. Oder tragen Sie zur Abwechslung einen Hut oder ein um den Kopf gewundenes Tuch statt perfekt gestylter Frisur, auch wenn Ihre Kollegen die täglich frisch geföhnten Haare noch so bewundern.

Gehen Sie einen Tag mit abgeblättertem Nagellack ins Büro,

ziehen Sie die Bluse mit dem fehlenden Knopf noch einmal an, tragen Sie zum Einkaufen eine Strumpfhose mit einer gigantischen Laufmasche (Sie werden erstaunt feststellen, dass Sie dadurch mit vielen netten Menschen ins Gespräch kommen), machen Sie sich absichtlich einen kleinen Tintenfleck ins Gesicht (kann sehr sexy aussehen), tragen Sie Schuhe und Handtasche, die nicht zueinander passen, nähen Sie den Saum Ihres Rocks nicht sofort wieder fest. Gewöhnen Sie sich so daran, dass auch nicht perfekte Menschen eine Menge Spaß im Leben haben!

Apropos Spaß: Führen Sie ein Erfolgstagebuch. Jedes Mal, wenn Sie so richtig nonkonform und unperfektionistisch waren, belohnen Sie sich mit einem Sternchen. Legen Sie fest, was Sie sich für wie viele Sternchen als Belohnung gönnen werden. Notieren Sie auch alle Komplimente, die Sie (in allen Lebensbereichen) bekommen, alle kleinen oder großen Erfolge in den verschiedensten Bereichen, alle aufregenden Erlebnisse, alle schönen Begebenheiten. Sie werden bald feststellen, was für eine tolle Frau Sie sind, auch ohne das ständige Bemühen um Perfektion.

Fordern Sie Komplimente ruhig ein! Erstaunlicherweise wirken sie nämlich auch dann, wenn Sie sie sozusagen mit vorgehaltener Pistole erzwingen und Sie leise Zweifel haben, ob sie auch wirklich ernst gemeint sind. Da kommt offensichtlich eine Art psychischer Placebo-Effekt zum Tragen.

Eine weitere bewährte Methode, Ihr Ego aufzupeppen, ist es auch, schöne Fotos von sich an den Kühlschrank, den Badezimmerspiegel oder übers Bett zu pinnen – so haben Sie sich stets im Blick und können jede Unsicherheit und jeden Selbstzweifel im Keim ersticken.

Ganz wichtig bei der Umsetzung Ihrer neu gewonnenen Vorsätze ist, dass Sie auf Ihren Körper hören, Ihr Körpergefühl kultivieren. Zwingen Sie sich nicht zu sportlichen Höchstleistungen, wenn Sie bislang ein Sportmuffel waren, auch nicht, wenn Sie sich freiwillig mehr Bewegung verordnet haben. Kasteien Sie sich nicht mit der fünfzigsten Diät, auch wenn Sie unbedingt ein paar Kilo abspecken möchten. Aktivieren Sie lieber Ihren gesunden Menschenverstand und gehen Sie es maßvoll an. Die Politik der kleinen Schritte hat sich noch immer am besten bewährt. Und vernachlässigen Sie auf keinen Fall den Spaßfaktor, sonst werden Sie nicht dauerhaft bei der Stange bleiben.

Wenn Sie fitter werden wollen, suchen Sie eine Sportart, die Ihnen Spaß macht und Ihre individuellen Vorlieben berücksichtigt: Wenn Sie die Natur lieben und gerne solo sporteln, können Sie es zum Beispiel mit Radfahren probieren; wenn Sie eher ein Teammensch sind – wie wäre es mit (Beach-)Volleyball? Oder vielleicht gönnen Sie sich witzige Utensilien wie ein quietschrosa Shirt für Ihre Sportaktivitäten, ein exquisites Duschöl oder einen luxuriösen Bademantel für danach. Mit solchen kleinen Belohnungen können Sie sich selbst motivieren.

Auch Ablenkung oder Unterhaltung sind nicht verboten: Platzieren Sie den Hometrainer vor dem Fernseher, joggen Sie mit einem (Anti-shock-)MP3-Player oder kaufen Sie sich ein Gymnastik-Video von Jane Fonda (wenn Ihnen das gefällt).

Wenn mehr Bewegung auf Ihrem Plan steht, durchforsten Sie Ihren Alltag nach entsprechenden Möglichkeiten: Treppe statt Lift, Fahrrad statt Auto oder Bus, Spaziergang statt Kantine …

Aber machen wir uns nichts vor, ganz ohne Disziplin werden Sie auch die smartesten Ziele nicht erreichen! Also:

- Schaffen Sie verpflichtende Bedingungen (Verabredung mit Freunden, Abonnements),
- nutzen Sie die Macht der Gewohnheit (jeden Mittwochabend schwimmen gehen),
- entdecken Sie Zusatznutzen (im Fitnessstudio gibt es ein paar äußerst attraktive Männer),
- versprechen Sie sich eine Belohnung (neues Outfit, wenn die zwei Kilo runter sind).

Seien Sie jedoch nicht allzu streng mit sich – Rom wurde schließlich auch nicht an einem Tag erbaut. Ausnahmen von der (neuen) Regel oder geplante Rückfälle (spielen Sie ruhig auch mal wieder Couchpotato) gehören zum Konzept.

Kleider machen Leute

Diese uralte Weisheit wird niemand ernsthaft in Zweifel ziehen. Durch die Kleidung demonstrieren wir unsere soziale Stellung, die Zugehörigkeit zu bestimmten Gruppen, persönliches Stilgefühl, innere Haltungen zu bestimmten Themen (die Skinheadkluft und der Ökolook stellen beide auf ihre Art ein politisches Statement dar) etc. Allerdings sollte die Persönlichkeit unterstrichen und nicht überzeichnet werden.

Wenn Sie jedoch den Aspekt Mode/Styling als Stress erzeugenden und Zeit raubenden Faktor in Ihrem Leben identifiziert haben, sollten Sie die zugrunde liegenden Glaubenssätze und Erwartungen kritisch unter die Lupe nehmen.

Lösen Sie sich also von Stress erzeugenden Pseudodogmen und ersetzen Sie sie durch individuelle, maßgeschneiderte Zielvorstellungen. Fragen Sie sich: Wer bin ich? Wie möchte ich wirken? Was passt zu mir? Was unterstreicht meine Persönlichkeit? Nehmen wir an, Sie sind ein sportlicher Typ, der sich in Hosen, klassischen Hemden und Blazern wohl fühlt, modisch sind jedoch gerade Rüschenblusen und Volantröcke mit Blumenmuster angesagt. Dann sollten Sie diesen Modetrend besser links liegen lassen! Sie würden sich sonst nur verkleiden oder gar zum Clown machen.

Wenn schon Perfektion, dann aber nicht beim sklavischen Kopieren aberwitziger Modetrends, sondern lieber bei einem typ- und altersgerechtes Styling, das Ihre Persönlichkeit unterstreicht und positiv zur Geltung bringt.

Barbara versteht es meisterlich, sich die Freude über noch so interessante Einladungen von vornherein zu rauben: Sie denkt sofort darüber nach, was sie zu diesem Anlass anziehen müsste, und kommt prinzipiell zu der deprimierenden Erkenntnis, dass ihr überquellender Kleiderschrank gerade dazu nichts zu bieten hat. Na ja, Barbara kann es sich leisten, in der nächsten Designerboutique etwas Passendes zu erstehen, das sie einmal trägt und das danach ihren Kleiderschrank noch weiter verstopft. Bei der nächsten Einladung wird sie das gleiche Problem wieder haben, wenn sie nicht endlich einen eigenen, authentischen Stil, eine individuelle Linie findet und mit Überzeugung, Spaß und Fantasie umsetzt.

Entscheidend für ein typoptimiertes (aber bitte nicht perfektes!) Styling sind übrigens (entgegen landläufiger Meinung) nicht Ihre Budgets für Mode und Beauty, sondern Ihre Originalität und Ihr Stilgefühl! Oder Ihre Fähigkeit, auf die richtigen Berater zu hören, wenn Sie Ihrem eigenen Auge und Geschmack nicht so ganz trauen.

Erlaubt ist, was gefällt und zu mir passt könnte Ihr neues Motto sein, Ihr neu definierter Glaubenssatz. Natürlich dürfen Sie sich auch weiterhin inspirieren lassen (von Zeitschriften, Medien, Vorbildern), aber bleiben Sie bei Ihrer grundsätzlichen Linie.

Immer richtig liegen Sie mit hochwertigen Basisteilen, und ob da eher ein klassischer Hosenanzug oder eine legere Strickkombination für Sie infrage kommt, müssen Sie je nach Typ, beruflichen Anforderungen oder persönlichen Vorlieben selbst entscheiden. In eine solche Basisgarderobe können Sie ruhig ein wenig mehr investieren, denn diese Teile werden Sie längere Zeit begleiten. Ihre persönliche Note verleihen Sie Ihrer Grundgarderobe durch die Kombination mit verschiedenen modischen Schnäppchen. So finden Sie eine gute Balance zwischen eigenem Stil und dem Wunsch, modisch auf der Höhe zu sein.

Stöbern Sie auch ruhig einmal auf dem Flohmarkt oder in Secondhandläden. Designerboutique und Flohmarkt sind nämlich kein Widerspruch mehr, sondern ein preiswertes Konzept für Ihr neues, selbstbewusstes und individuelles Styling. Auch bei so genannten Billigketten kann man immer wieder für wenig Geld ein modisches Teil erstehen. Und wenn Sie den Blazer von A&B erst einmal mit hochwertigen neuen Knöpfen versehen haben, sieht er aus wie aus einer Nobelboutique!

Mehr als das Tüpfelchen auf dem i sind die Accessoires. Mit Tüchern, Schals, Gürteln, Hüten, Modeschmuck, Handschuhen, Taschen & Co. können Sie jedes Outfit akzentuieren, beleben und auf den neusten modischen Stand bringen. Sie können Ihren persönlichen Stil unterstreichen, Ihre aktuelle Stimmung demonstrieren, modische Trends aufgreifen oder sich schlicht gegen die Unbill der Natur wappnen. Accessoires sind einfach toll, sie werten auf, kaschieren, sind funktionell oder machen einfach nur gute Laune – und das für jeden Geschmack und Geldbeutel!

Wenn Sie sich morgens in der Hektik des Alltags immer wieder schwer tun, etwas Passendes zum Anziehen zu finden, in dem Sie sich den ganzen Tag über wohl fühlen, probieren Sie doch einmal Folgendes: Stellen Sie an einem Sonntagnachmittag in aller Ruhe ein paar Kombinationen zusammen, in denen Sie sich richtig gut gefallen. Merken Sie sich diese Outfits oder hängen Sie sie am besten so komplett in den Schrank. Wenn Sie dann am Montagmorgen wieder in völlige perfektionistische Verzweiflung verfallen wollen, müssen Sie nur zu einer dieser Kombinationen greifen, und das Thema ist erledigt. Bei allen guten Vorsätzen zur Bändigung Ihres Perfektionismus: Gönnen Sie sich ruhig einen kleinen Bereich, in dem Sie ihn und Ihre Lust an der Mode hemmungslos ausleben! (Bei sehr vielen Frauen sind das übrigens Schuhe; wahrscheinlich, weil man selbst bei massivem Übergewicht normalerweise ja nicht an den Füßen zunimmt und somit immer noch einen schlanken Körperteil hat, den man gut findet.) Behalten Sie allerdings Ihren Kontostand scharf im Auge, denn ruinieren sollen Sie sich dadurch natürlich nicht.

Mehr Schein als Sein – Schlampinen-Tipps

Nehmen wir an, Sie haben sich nun fest vorgenommen, Ihr Perfektionsstreben in Sachen Äußerlichkeiten zugunsten von mehr Lebensfreude abzubauen. So ganz von heute auf morgen wird es vielleicht nicht funktionieren, Sie werden schon etwas Geduld mit sich selbst brauchen. Für die Situationen, in denen Ihnen Ihre Wirkung nach wie vor besonders wichtig ist, geben wir Ihnen hier ein paar praktikable Mogeltipps.

Feuerwehreinsätze *Wenn es brennt, also das Herrichten und Anziehen besonders schnell und effektiv vonstatten gehen müssen (unvorhergesehene Einladung, überraschender Besuch Ihres neuesten Liebhabers), empfehlen sich ein Vorrat und der Schnelleinsatz verschiedener Ressourcen: Eine Drei-Minuten-Instant-Maske ins verknitterte Gesicht, schimmernde Lotion aufs Dekolleté, Haare hochstecken oder mit Haarteil oder einer schicken Spange versehen.*

Falls die Haare sich dennoch sträuben, hilft eine witzige Kopfbedeckung (Hut, Kappe, Tuch) über die Runden. Danach versehen Sie das instant-gepflegte, geglättete Gesicht mit einem Blitz-Make-up: Kajal, etwas Rouge und Lippenstift, eventuell noch etwas Puder drüberstäuben. Für die Fingernägel empfiehlt sich eine Schicht schnelltrocknender Minutenlack, oder Sie ziehen einfach ein Paar Spitzenhandschuhe an.

Bei der Auswahl der Kleidung greifen Sie auf Klassisches und Bewährtes zurück – Schwarz passt immer, vielleicht mit witzigen Accessoires akzentuiert. Auf diese Art und Weise ist binnen einer Viertelstunde durchaus die Verwandlung vom Aschenputtel zur Prinzessin zu bewerkstelligen.

Der schöne Schein *Nun sind Blitzeinladungen, die solche Feuerwehreinsätze erfordern, eher die Ausnahme. Normalerweise verfügen Sie über längere Planungs- und Vorbereitungsphasen.*

Falls Sie (nicht vorhandene) gesunde Bräune demonstrieren möchten, können Sie in ein Sonnenstudio gehen oder einfach zu Selbstbräunungslotion greifen.

Eine etwas zu üppige Taille oder Hüfte lässt sich prima durch unsichtbare Bodyslimmer (Mieder, Body, Unterkleid) in Form bringen, die in vielfältiger Ausführung und passend zu diversen Moderichtungen erhältlich sind.

Designerklamotten aus zweiter Hand schonen das Portemonnaie, schinden jedoch genauso Eindruck wie die neuen Teile ein paar Monate zuvor. Und bevor Sie ein Kleidungsstück endgültig entsorgen, versäumen Sie nicht, klingende Etiketten vorsichtig abzutrennen. Der nächste Blazer von B&C kommt bestimmt, und ein falsches Designeretikett ist auch von Ungeübten schnell eingenäht.

Wollen Sie bei irgendeinem Event einmal so richtig Eindruck schinden: Es gibt mittlerweile in fast jeder Stadt Geschäfte, in denen Sie Designerkleidung auch ausleihen können. Und »nur geleast« steht an dem Abendkleid ja nicht dran, oder?

Will man zunächst einmal den Anschein erwecken, in der Freizeit neuerdings aktiv auf dem Fitnesstrip zu sein, empfiehlt es sich, den Hausanzug oder Jeans und Schlabberpulli gegen Sportbekleidung oder Fitnessoutfit zu tauschen. Egal wer wann unvorhergesehen bei Ihnen vorbeischneit, er wird Ihre Disziplin insgeheim bewundern.

Es kann auch nicht schaden, die Mitgliedskarte eines Sportstudios oder -clubs aus der Brieftasche lugen zu lassen (kann ruhig eine abgelaufene eines echten Sportlers sein) und in der Mittagspause bei den Kollegen über die Idioten zu schimpfen, die da allabendlich nur den Betrieb aufhalten.

Ablenkungsmanöver *Für den Fall, dass Ihr Outfit einmal nicht ganz so perfekt ist, wie Sie es sich wünschen, können Sie durch geschickte Hingucker davon ablenken. Verrückte Schuhe und High Heels aller Art ziehen Blicke magisch an. Wenn Sie dazu noch ausgefallene oder sexy Strümpfe tragen, wird zumindest kein Mann mehr Augen für den losgelösten Saum, den Spagettisoßenfleck auf der Bluse oder die ungewaschenen Haare haben. Den Fleck können Sie auch flugs unter einem auffälligen Schal oder Tuch verstecken – es lohnt sich, immer eines im Schreibtisch oder in der Handtasche zu haben.*

Frau-weiß-sich-zu-helfen-Tricks *Pannen sind dafür bekannt, dass sie immer dann passieren, wenn man sie am wenigsten gebrau-*

chen kann: Rock- oder Hosensäume lösen sich just vor dem Rendezvous oder der wichtigen Besprechung, Knöpfe verschwinden wie von Geisterhand vom einzigen Blazer in Ihrem Reisegepäck, mitten in der Konferenz entdecken Sie eine kleine Laufmasche in Ihrer (Ersatz-) Strumpfhose (nun bloß nicht mehr bewegen ...), Sie verschrammen sich den Absatz Ihrer neuen Pumps, weil Sie in einem Lüftungsgitter hängen bleiben.

Sie kennen solche und ähnliche Katastrophen. Doch frau weiß sich stets zu helfen. Folgende Utensilien hat jede clevere Businessfrau in der Tasche:

- Klebeband und/oder Tacker im Miniformat zum Fixieren von Säumen oder abgerissenen Aufhängern
- Filzstifte (schwarz, braun oder in der Farbe Ihrer Schuhe), um kleine Farbmacken sofort zu übermalen
- Farblosen Nagellack zum Stoppen von Laufmaschen
- Sicherheitsnadeln oder kleine Broschen als Knopfersatz oder zur Reparatur defekter Reißverschlüsse

Für besonders umsichtige Zeitgenossinnen empfehlen wir zusätzlich die Mitführung von

- Sekundenkleber (winzige Tube, passt in jede Handtasche) für die wirklich harten Fälle wie abgebrochener Absatz oder losgelöste Schuhsohle,
- Nähzeug (im Hoteletui) für die aufgegangene Rocknaht, obwohl auch hier der Tacker geht,

- feuchte Tücher (Reisepackung) zur Beseitigung jeglicher Schmutzkatastrophen,
- eine kleine Packung Heftpflaster, gut zu gebrauchen zum Verdecken größerer Unglücke an den Fingernägeln.

Goldene Regeln

1. Sie sind das Modell.
2. Ihr Körper liebt Sie – lieben Sie ihn auch.
3. Gar nichts ist okay, wenig ist ein wenig besser.
4. Die Norm kommt von Ihnen – entwickeln Sie eigene Standards.
5. Typgerechter Stil statt Modediktat.

---

7 Mustergatte und Superkind

Nora ist Ende zwanzig, beruflich hat sie sich durch Fleiß, Geschick und Zähigkeit trotz des Schmalspurstudiums (wie ihre Akademikerfreunde die Dolmetscherschule geringschätzig zu nennen pflegen) eine hervorragende Position in einer Automobilfirma erarbeitet. Sie hat einen großen, interessanten Freundeskreis, eine kuschelige Eigentumswohnung, auf deren stilvolle Einrichtung Nora mit Recht stolz ist, sie sieht blendend aus und könnte das Leben in vollen Zügen genießen, wenn da nicht dieses ungute Gefühl wäre, dass ihr etwas Wichtiges fehlt: der Traummann fürs Leben und die Kinder (am besten zwei) – die Bilderbuchfamilie eben.

Anwärter auf den Traummannposten gab es schon, doch

Nora ist sehr anspruchsvoll, sodass bislang jeder durchs Raster fiel. Ihre Freunde ziehen sie schon länger damit auf: »Vielleicht solltest du dir einen backen!« Nora gibt sich zwar Mühe, ihre Ansprüche auf ein realistisches Maß herunterzuschrauben, aber drunter geht eben nichts.

Paul, ihr letzter Verflossener, hatte schon echte Märchenprinzqualitäten, lag auch lange gut im Rennen, bis das Thema Kinder aufkam. Paul wollte am liebsten eine ganze Fußballmannschaft, je schneller, desto besser. Nora hingegen wollte sich erst einmal auf ihre Karriere stürzen. Natürlich will sie auch Kinder, aber bestimmt keine ganze Fußballmannschaft! Zu einer richtigen Familie gehören ihrer Meinung nach zwei hübsche, wohlgeratene Kinder (ein Junge und ein Mädchen),

vielleicht noch ein Hund, ein nettes Haus im Grünen, ein verantwortungsvoller Mann, ein kleiner Zweitwagen, Urlaube am Meer, Grillpartys mit Freunden und nostalgische Familienfeste. Und den attraktiven, gut bezahlten Job will sie natürlich nicht aufgeben.

Wen wundert es, dass mit dieser absoluten Anspruchshaltung jeder potenzielle Märchenprinz nach kürzester Zeit das Weite sucht? Und die ungeborenen Kinder sind sicherlich dankbar, von Noras perfektionistischen Ansprüchen zumindest vorläufig verschont zu bleiben. Und wenn Sie denken, dass nur wenige Frauen so klischeehaft über Beziehungen denken – befragen Sie einfach mal etliche Frauen aus Ihrem Bekanntenkreis, und Sie werden sich wundern, bei wie vielen die Vorstellungen von Werbespots und Filmklischees geprägt sind! Und Perfektionistinnen sind für diese Art von Illusionen besonders anfällig.

Im wirklichen Leben bedeutet ein glückliches Familienleben harte Arbeit (für alle Familienmitglieder), kostet jede Menge Zeit und Energie und erfordert Willensstärke, Geduld, Rücksichtnahme und viele andere Opfer, über die sich Nora sicherlich noch keine Gedanken gemacht hat.

Falls auch Sie sich nicht von der perfekten Vision von *Mustergatte und Superkind* verabschieden können, erfahren Sie in diesem Kapitel, wie Sie in diesem wichtigen Lebensbereich Ihren Perfektionismus ein wenig zähmen und relativieren können, um ein glückliches Beziehungs- und Familienleben zu ermöglichen.

(Eine Anmerkung am Rande: Auch wenn wir immer vom

Mustergatten und *Märchenprinz* reden, sind natürlich auch alle anderen Formen der Beziehung zwischen Männern und Frauen sowie zwischen Frauen und Frauen mit eingeschlossen.)

Er soll mich auf Händen tragen

Viele Mädchen und auch erwachsene Frauen träumen vom Märchenprinzen, der sie wie Dornröschen erweckt und fortan auf Händen durchs Leben trägt. Bei erwachsenen Frauen kommt die soziale Wunschkomponente des vorzeigbaren Mustergatten hinzu, der zwar nicht auf einem weißen Pferd dahergeritten kommt, sondern im schicken Sportwagen vorfährt, den er dann später (wenn Nachwuchs im Anmarsch ist) klaglos gegen einen geräumigen Kombi austauscht. Ein Mustergatte, der für Sicherheit, Geborgenheit und für das Haus im Grünen sorgt, dabei stets aufmerksam und liebevoll, verantwortungsbewusst und hilfsbereit ist, männlich-viril, aber doch sensibel und einfühlsam, ein Mann, um den die Frau an seiner Seite von ihren Freundinnen brennend beneidet wird.

Leider finden sich Traummänner und Märchenprinzen in Reinkultur nur in Anzeigentexten unter der Rubrik »Er sucht Sie«. (Offensichtlich hapert es bei vielen Herren der Schöpfung an der realistischen Selbsteinschätzung, wenn wir arglistige und bewusste Täuschung einmal außen vor lassen.)

Also müssen wir uns wohl oder übel von der schönen Idee des Märchenprinzen oder Mustergatten verabschieden! Es gibt ihn nicht – und wenn doch, dann ist er seit Jahren mit der einzigen echten Märchenfee weit und breit glücklich verheiratet! Außerdem ist es eher zweifelhaft, ob so ein perfekter Traumprinz in der Realität überhaupt wünschenswert und vor allem alltagstauglich wäre. Der Reiz einer erfüllenden Beziehung besteht doch gerade in Entwicklung, Reibung, im Aneinander-Wachsen und Voneinander-Lernen. Dynamik hält Paare zusammen, nicht starre Perfektion.

Oder könnte Sie ein Mann ohne Ecken und Kanten langfristig wirklich faszinieren? Macht es auf die Dauer wirklich Spaß, immer auf Händen getragen zu werden? Da verkümmern doch die Beine! Ist es nicht langweilig, wenn man die Reaktionen seines Partners immer vorhersehen kann? Wo bleibt da die Überraschung, das Prickeln, die Spannung? Wo bleibt das, was die Individualität, Lebendigkeit und Persönlichkeit eines Menschen ausmacht?

Eigentlich finden wir doch gerade Typen interessant und begehrenswert, die schon auf den zweiten Blick nicht ganz perfekt erscheinen: den Skilehrer, dynamisch, sportlich und charmant – aber im Hauptberuf Bauarbeiter und nur einssiebzig groß; den Tauchlehrer in der Karibik mit Rastalocken, drahtig, milchkaffeebraun und einfühlsam – aber der ist ein geborener Aussteiger und will nur seinen Spaß; den netten Filialleiter Ihrer Hausbank, attraktiv, groß, humorvoll und intelligent – aber in seiner Freizeit trainiert er täglich für den New York Marathon, hat sein Auto abgeschafft und lebt zur Untermiete, weil sein Traum auch eine Stange Geld kostet; den Pianisten aus der Hotelbar mit der samtigen Stimme und den sinnlichen Lippen – aber der hat keinen Führerschein, im Alltagsleben zwei linke Hände und zwei Kinder, für die er sorgen muss …

Diesen zugegeben überzeichneten Kandidaten fehlen nahezu alle Mustergattenkomponenten. Aber ihre Attraktivität liegt gerade in der Ungewissheit, dem Schuss Exotik, der Spannung oder dem Quäntchen Abenteuer. Und auf all die prickelnden Begehrlichkeiten, die wir bei einem Mann für ein Intermezzo zwingend voraussetzen, sollen wir beim Mann fürs Leben verzichten? Wie langweilig!

Egal, ob Sie mit Ihrem Schicksal hadern, weil Ihr aktueller Partner sich als so ganz und gar nicht perfekt entpuppt hat oder Sie sich immer noch (oder wieder) auf der Suche nach *dem* perfekten Mann fürs Leben befinden, am besten beginnen Sie gleich damit, Ihre Vorstellung vom Mustergatten von allen gängigen Klischees zu befreien und ein individuelles Profil zu erstellen, damit Sie zukünftig genau wissen, wie Ihr Traummann aussehen sollte.

Die ideale Beziehung

1. Schritt: Als Erstes sollten Sie sich darüber klar werden, was Sie von einer Beziehung erwarten. Dazu greifen Sie wieder zu den zentralen Werten, die Sie in Kapitel 4 erarbeitet haben, denn hier ist Übereinstimmung wichtig. (Bei Äußerlichkeiten oder auch Verhaltensweisen ist eher Toleranz angesagt.) Leiten Sie daraus ganz konkrete Vorstellungen für die Gestaltung einer Beziehung ab.

Die folgende Liste gibt Ihnen ein paar Anhaltspunkte. Was für Sie nicht zutrifft, streichen Sie einfach, weitere Aspekte können Sie ergänzen.

Was ich von einer Beziehung (realistisch) erwarte:
- geliebt und begehrt werden
- respektiert und geachtet werden
- gemeinsam Spaß haben
- gemeinsame Interessen teilen
- sich zusammen weiterentwickeln
- finanzielle Sicherheit
- mich geborgen fühlen
- Vertrauen, Treue und Zuverlässigkeit
- Familienleben mit Kind(ern)
- Raum zur Entfaltung
- Harmonie
- Streitkultur

2. Schritt: Und nun sollten Sie ehrlich zu sich selbst sein: Sind Sie in jeder Hinsicht und in allen Bereichen die Traumpartnerin, die Herr Supermann sich wünscht? Sicher nicht, denn schließlich hat jeder seine Fehler. Listen Sie einfach auf, was Sie an sich mögen und was nicht.

Beispiel: Was ich an mir mag
- Gradlinigkeit
- guten Geschmack
- schnelle Auffassungsgabe

171

- Organisationstalent
- Warmherzigkeit
- Ehrlichkeit
- Zuverlässigkeit

Beispiel: Was ich nicht an mir mag
- Ungeduld
- zu wenig Selbstbewusstsein
- Trägheit
- Verkrampftheit
- Eitelkeit
- Angst vor Neuem
- Sturheit

Danach erstellen Sie die gleiche Liste für Ihren Wunschpartner: was Sie an ihm mögen und nicht mögen beziehungsweise was er haben sollte und was er nicht haben dürfte. Seien Sie dabei ehrlich und realistisch: Die Fähigkeit, Ihnen jeden Wunsch von den Lippen abzulesen, ohne dass Sie etwas sagen müssen, grenzt an Telepathie und ist bisher wissenschaftlich noch nicht nachgewiesen. Verabschieden Sie sich von derart unrealistischen Erwartungen und kommen Sie auf die Erde zurück!

Beispiel: Was ich an ihm mag/was er haben sollte
- Charme
- Ehrgeiz
- Großzügigkeit

- Geschick
- Souveränität
- Offenheit und geistige Beweglichkeit
- Bildung

Beispiel: Was ich an ihm nicht mag/was er nicht haben dürfte
- Vorurteile und Intoleranz
- Faulheit
- Untreue
- mangelndes Verantwortungsgefühl
- Desinteresse
- Egozentrik

Vielleicht stellen Sie gerade entsetzt fest, dass Ihr aktueller Partner über genau die Attribute verfügt oder die Verhaltensweisen an den Tag legt, die Sie am wenigsten tolerieren können. Aber keine Panik, wenn er dafür die meisten positiven Merkmale erfüllt, können Sie, wenn Sie jetzt aktiv werden, noch vieles ändern oder beeinflussen.

3. Schritt: Wenn Sie einen Partner haben und derzeit nicht ganz zufrieden sind, definieren Sie konkrete Aktivitäten, durch die Sie selbst oder Ihr Partner negative, also nicht wünschenswerte Attribute oder Verhaltensweisen ändern oder zumindest abschwächen könnte. Als Beispiel greifen wir Desinteresse des Partners auf – an Ihnen, der Beziehung, den Kindern, Ihren Interessen, dem Familienleben ...

Was können Sie tun?

Sie können mit ihm als Allererstes darüber reden! Kommunikation ist auch hier der Schlüssel zum Glück. Sagen Sie klar und deutlich, was Ihnen nicht passt, warum es Ihnen so wichtig ist, und diskutieren Sie gemeinsam Lösungsmöglichkeiten.

In dem Gespräch können Sie fernsehfreie Abende vereinbaren, an denen die Familie zusammen spielt oder an denen Sie zu zweit essen oder spazieren gehen.

Sie können vereinbaren, dass jeder zweite Samstag Vatertag ist und er sich mit den Kindern beschäftigt, statt jedes Wochenende immer nur in seinem Hobbykeller zu hocken und Laubsägearbeiten anzufertigen.

Sie können ihn bitten, sich mehr für die familiären Belange zu interessieren, ihm aber gleichzeitig anbieten, dass er jederzeit mit Ihnen über seine beruflichen Probleme reden kann.

Artikulieren Sie Ihre Wünsche und Vorstellungen (nicht Forderungen), hören Sie aber auch genau zu, was Ihr Partner zu sagen hat, bleiben Sie offen für Kritik und machen Sie von sich aus Angebote für Veränderungen.

Gehen Sie dabei langsam und Schritt für Schritt vor, denn Sie können nicht erwarten, dass sich Ihr Partner von heute auf morgen umkrempeln lässt. Doch kleine Anfangserfolge (»Mit den Kindern spielen macht sogar Spaß!«) werden auch ihn motivieren, sein Verhalten grundsätzlich zu überdenken.

Mit diesen, durch gründliche Hinterfragung gewonnenen Erkenntnissen, einer Portion Geduld, viel Toleranz, einem Schuss Optimismus und Humor (ganz wichtig: Nicht alles so bierernst nehmen) können Sie auch einen langjährigen Partner wieder zu Ihrem persönlichen »Traummann mit Macken« erklären. Denn wenn er prinzipiell über gar keine Traummannqualitäten verfügen würde, wären Sie doch bestimmt nicht mit ihm liiert.

Und Sie werden feststellen, dass schon eine geringfügige Änderung der Perspektive oder eine kleine Korrektur der Prioritäten einer eingefahrenen Beziehung ungeahnte Impulse geben kann.

Falls Sie gerade kein (formbares) Exemplar an Ihrer Seite haben, aber gerne eines hätten, geben Sie bloß die Hoffnung nicht auf! Auch Julia Roberts hat erst im vierten Anlauf den Richtigen getroffen! Setzen Sie die Brille der Hollywood- und Werbeillusionen ab, durch die Sie bisher vielleicht geschaut haben und die Sie in der Wahl Ihrer Partner behindert hat.

Bisher war es Ihnen peinlich, wenn er kleiner war als Sie, einen kleinen Bauchansatz oder lichte Schläfen hatte, wenn er entweder zu jung oder zu alt war, nicht den richtigen Job hatte, nicht das richtige Auto fuhr oder einen ekelhaften Dialekt sprach. Und jede dieser äußerlichen Kleinigkeiten hat Sie davon abgehalten, einen zweiten prüfenden Blick auf dieses Exemplar zu werfen. Zudem hat Sie der Gedanke erschreckt, was bloß Ihre Freundinnen sagen würden, wenn Sie mit diesem Typen am Arm bei der nächsten Party auftauchen würden. (Offensichtlich haben Sie bisher die falschen Freundinnen gehabt – vielleicht sollten Sie zuerst Kapitel 9 durcharbeiten!)

Wenn Sie Ihre perfektionistische Brille gegen die Brille der wirklich wichtigen Eigenschaften ausgetauscht haben, werden Sie die Männerwelt wieder deutlich differenzierter wahrnehmen können. Wenn Ihnen wieder bewusst geworden ist, worauf es Ihnen im Leben und in einer Beziehung ankommt, können Sie vom Yesbutter auf den Whynotter umschalten: Fragen Sie sich bei einer neuen Bekanntschaft zuerst, was Ihnen gut an diesem Menschen gefällt, und stürzen Sie sich nicht sofort auf seine oberflächlichen kleinen Fehlerchen. Halten Sie sich zurück, vorschnelle Pauschalurteile zu fällen, und lernen Sie einen Menschen erst einmal wohlwollend und ohne Vorurteile kennen.

Sie können auch überlegen, wo Sie am wahrscheinlichsten auf den Mann Ihrer Träume treffen könnten. Wenn Sie bisher immer nur in den angesagten Clubs auf Jagd gegangen sind, eigentlich aber sehr kunstinteressiert sind und Ihnen Kunstverständnis bei einem Partner auch sehr wichtig ist, sollten Sie nicht mehr so viel Zeit in Discos verschwenden. (Womit wir beileibe nicht gesagt haben wollen, dass Clubbesucher nicht kunstinteressiert sein können. Es ist eine Frage des Fokus und der Wahrscheinlichkeit!) Erkundigen Sie sich lieber, wann und wo interessante Vernissagen stattfinden, machen Sie eine Führung im Museum mit oder treten Sie einem Kunstverein bei.

Mein Kind soll es einmal besser haben

Natürlich soll Ihr Kind die optimalen Startbedingungen in eine immer komplizierter werdende Welt bekommen. Nur, was heißt »besser«? Soll Ihr Kind materiell besser gestellt sein, soll es mehr Liebe, Zuwendung, Aufmerksamkeit erhalten, soll es in sportlicher oder musischer Hinsicht mehr gefördert werden, soll es eine erstklassige Ausbildung erhalten oder die Welt kennen lernen?

Und, besser als wer soll Ihr Kind es haben, wer ist der Maßstab? Ihr Partner oder Sie selbst, Verwandte oder Bekannte, Nachbarn oder Kollegen, Prominente aus Funk und Fernsehen oder Obdachlose?

Und woher kommen diese Vorstellungen? Warum und für wen ist es so wichtig, dass Ihr Kind es besser hat? Geht es Ihnen wirklich nur um Ihr Kind oder geht es Ihnen auch um Ihr eigenes Bild von sich selbst?

Perfektion im Bereich der Kindererziehung hat zwei verschiedene Aspekte: die Projektion eigener perfektionistischer Wünsche, Versäumnisse und Vorstellungen auf den Nachwuchs und die perfektionistische Auffassung der Mutterrolle, die mit einer starken Aufopferung einhergeht. Oft projizieren Eltern die selbst vermeintlich verpassten Chancen, die ihnen verwehrten Gelegenheiten, unerfüllt gebliebene Wünsche und Träume und ihre hohen einstigen Ideale auf ihre Kinder.

Der zehnjährige Leo wird seit Jahren wöchentlich von einer Klavierlehrerin heimgesucht, obwohl er erwiesenermaßen weder über das notwendige Talent noch über Interesse verfügt, sondern lieber Fußball spielen würde. Initiatorin dieser sinnlosen und kostspieligen Quälerei, wie es inzwischen auch schon sein Vater bezeichnet, ist seine Mutter, die aber selbstredend nur das Beste für ihr Kind will. Sie selbst hatte früher keine Gelegenheit, Klavierspielen zu lernen, obwohl sie es sich so gewünscht hatte … Leo soll es besser haben, also bekommt er Klavierstunden, ob er will oder nicht. Dass Leo ihren eigenen Enthusiasmus überhaupt nicht teilt, ignoriert sie und beruhigt ihr aufkeimendes schlechtes Gewissen mit der Erklärung, er sei eben noch zu jung, um zu wissen, was gut und richtig für ihn ist. Später wird er schon noch dankbar sein.

Kathy, 15, glaubt, dass sie Model werden möchte. Seit sie denken kann, hat ihre Mutter Vera ihr von diesem Traumberuf vorgeschwärmt. Also hat sie seit frühester Jugend Ballettkurse besucht und auf gesunde Ernährung geachtet. Nutella-Brötchen sind schon lange tabu. Ihre Mutter hat Kathy dreimal in der Woche zum Training chauffiert, viel Energie, Zeit und Überredungskünste in die Vorbereitung und Ausbildung ihrer Tochter investiert, einen Diätplan für die ganze Familie entwickelt und auf ihre eigenen Belange weitgehend verzichtet. Aber Vera macht das gerne und voller Enthusiasmus, weil aus Kathy werden soll, wovon sie als junges Mädchen immer geträumt hat: ein Supermodel im Rampenlicht.

Vera und auch Leos Mutter haben offensichtlich das vorrangige Ziel, ihr Kind zu einem eigenverantwortlichen, ausgeglichenen Menschen zu erziehen, aus den Augen verloren. Die eigenen Träume auf die Kinder zu projizieren, fordert einen hohen Preis, den vor allem die Kinder – ungefragt und häufig ungewollt – zu zahlen haben.

Doch was tun, wenn der Frust über verpasste Chancen am Selbstwertgefühl nagt, wenn man mit vierzig nur noch beweisen kann, dass man, wenn schon nicht zum Supermodel, doch wenigstens zur Supermutter taugt?

Die Strategie, Ihr Kind für die Stärkung Ihres Egos zu instrumentalisieren, ihm das Gefühl zu vermitteln, dass es Ihre Liebe und Aufmerksamkeit nur erhält, wenn es für Sie Ihre Träume lebt, ist definitiv nicht die richtige. Erst recht nicht, wenn Sie dann auch noch sich und allen anderen einreden wollen, Sie täten dies alles nur um des Kindes willen. Mit diesem Unsinn ist jetzt Schluss!

Denken Sie zurück an Ihre Bestandsaufnahme von Seite 145: Sie sind doch eine tolle Frau! Sie haben es gar nicht nötig, Ihr Selbstwertgefühl über den Umweg Kind zu steigern.

Einen weiteren Punkt sollten Sie sich klarmachen: Über nicht erfüllte Träume denken wir meist in den unrealistischsten Rosatönen nach und vergessen ganz, dass dieser Lebensverlauf auch durchaus seine Schattenseiten gehabt hätte.

Hätte Vera selbst die erträumte Modelkarriere erreicht, hätte sie heute vielleicht keine Familie, kein Haus im Grünen, keine liebenswerten Kinder, keinen verständnisvollen Mann, mit dem sie schon viele Höhen und Tiefen gemeinsam durchgestanden hat; ihr Leben wäre anders verlaufen, und niemand weiß, ob das besser oder schlechter gewesen wäre.

Es macht also keinen Sinn, darüber zu grübeln, ob das Leben für Sie einfacher, besser oder schöner gelaufen wäre, wenn Sie irgendwann die Weichen anders gestellt hätten, wenn man Ihnen andere Chancen gegeben hätte, wenn Sie nur damals mehr

Geld gehabt hätten, wenn … Vorbei ist vorbei. Richten Sie Ihren Blick lieber optimistisch auf Gegenwart und Zukunft und gestalten Sie Ihr Leben so, wie Sie es leben wollen.

Lassen Sie Ihren Sohn versuchen, sich als Schlagzeuger durchs Leben zu trommeln, wenn das sein sehnlichster Wunsch ist, und drängen Sie ihn nicht mehr in eine Banklehre und zu einem Jurastudium. Erfahrungsgemäß wird daraus sowieso nichts, denn der innere Drang Ihres Sohnes wird stärker sein als jeder Druck, den Sie ausüben können.

Unter diesem veränderten Blickwinkel fragen Sie sich nicht mehr: Wie kann mein Kind meine Träume erfüllen, sondern: Wie kann ich mein Kind unterstützen, seine eigenen Träume zu leben?

Nun haben Sie die besten Chancen, ein echtes »Superkind« heranzuziehen: Wenn Sie Ihr Kind so lieben und akzeptieren, wie es ist, wenn Sie ihm die Chance geben, seine eigenen Talente und Bedürfnisse zu entdecken und zu entwickeln, und ihm die Freiheit lassen, nach seiner eigenen Fasson glücklich zu werden, dann haben Sie einen verantwortungsvollen, offenen und toleranten Menschen mitgeformt.

Zusätzlich sind Optimismus und Gelassenheit gerade im Umgang mit Kindern ausgesprochen hilfreiche Eigenschaften, denn selten werden Ihnen diese den Gefallen tun, sich auch nur annähernd so (perfekt) zu verhalten, wie Sie es sich wünschen. Nun können Sie sich nicht permanent darüber aufregen, zumal Sie sich damit nicht nur die Laune verderben, sondern auch die verhängnisvolle Spirale negativer Emotionen bei allen Beteiligten in Gang setzen.

Die eigenen Träume leben

1. Schritt: Ziehen Sie eine Lebensbilanz und machen Sie sich klar, wie viel gute und wertvolle Aspekte Ihr Leben hat. Akzeptieren Sie die Situation so, wie sie ist. Lassen Sie kurzfristig ruhig zu, dass eine ehrliche Bilanz vielleicht unangenehme Gefühle in Ihnen hochkommen lässt.

2. Schritt: Begraben Sie Ihre unerfüllten und überholten Träume in einem feierlichen Ritual: Schreiben Sie sie auf kleine Zettelchen, vergießen Sie ruhig noch ein paar nostalgische Tränen, verbrennen Sie die Zettelchen und verstreuen Sie die Asche an einem schönen Platz. (Das kann man auch gut mit einer Freundin bei einigen Gläsern Prosecco machen!)

3. Schritt: Dann setzen Sie sich hin, greifen wieder zu Ihrem Erfolgstagebuch und schreiben Ihre neuen Träume auf: Was erstreben Sie für sich in Ihrem Leben? Welche Vision haben Sie? Was beflügelt Sie, lässt Sie ein Kribbeln verspüren? Lassen Sie Ihrer Fantasie und Ihren Gefühlen freien Lauf, aber achten Sie darauf, dass Sie Ihre Träume auf sich beziehen und nicht auf andere. Schreiben Sie alles auf, kleben Sie Fotos oder bunte Bilder aus Zeitschriften dazu, zeichnen Sie darin herum. Tun Sie das, sooft Sie wollen und solange Ihnen dazu etwas einfällt. Und immer, wenn Sie wieder in die Versuchung kommen, Ihre Träume auf Ihr Kind zu projizieren, greifen Sie zu Ihrem Traumbuch und besinnen sich darauf, dass es *Ihre* Träume sind.

Besser ist es, alles ein wenig positiver, optimistischer und wohlwollender zu betrachten, *die rosa Brille aufzusetzen*, die Zähne zusammenzubeißen und »Probleme« auch mal auszusitzen. Was sind schon blau gefärbte Haare bei einem heranwachsenden Sohn? Regen Sie sich nicht auf, die Phase wird vorübergehen (und je weniger Sie dazu sagen, desto schneller). Was bedeutet es schon, wenn Ihre Tochter eine Gruftiphase hat und beschließt, ab jetzt in einem selbst gebauten Sarg zu schlafen? Bleiben Sie einfach ganz gelassen, das natürliche Bedürfnis nach Bequemlichkeit und Komfort tut seine Arbeit ganz ohne Ihr Zutun. (Särge sind wirklich nicht sehr bequem, zumal wenn man zu zweit darin nächtigen möchte ...)

Sie wollen Ihrem Kind oder Ihren Kindern eine optimale Ausgangsposition in ein eigenständiges Leben verschaffen. Auch ohne die Projektion Ihrer Wünsche und Ideale ist dies ein hartes Stück Arbeit. Je nach Alter der Kinder verbringen Sie täglich viele Stunden mit Versorgung, Förderung, Fahrdiensten, Organisation, Zuwendung, Gesundheitsvorsorge sowie Spiel und Spaß. Als gute, liebevolle Mutter tun Sie das alles mit Freude und Engagement, wobei es den Kindern keineswegs schadet (im Gegenteil), wenn Sie die eine oder andere Aufgabe an Omas, Freunde oder Einrichtungen delegieren.

Perfektionistische Mütter neigen jedoch dazu, sich rund um die Uhr als Coach, Chauffeur, Trainer, Lehrer, Putzfrau und Dienstbote ihrer Kinder zu verdingen. Sie opfern ihre persönliche Freiheit und sind frustriert, wenn ihre Bemühungen von den Kindern nicht gewürdigt und vom Partner nicht anerkannt werden.

Zum Beispiel Thea, die ihre dreizehnjährige Tochter Paula jeden Morgen mit dem Auto in die Schule bringt (es gäbe da zwar eine gute Busverbindung …), ins Büro hetzt, mittags oft fluchtartig aus wichtigen Sitzungen verschwindet (ihr Chef ist schon ziemlich genervt), um Paula wieder rechtzeitig abzuholen, und nach Hause eilt, um dem Kind eine warme Mahlzeit zuzubereiten. Theas Nachmittage sind ausgefüllt mit Hausaufgabenüberwachung und zusätzlicher Übung (Paula ist in Englisch besonders schwach). Zweimal wöchentlich chauffiert sie Paula zum Reitstall (und zurück), einmal zu einer Freundin, und dann gibt es noch diverse Arzt- und Therapeutentermine.

Gott sei Dank ist Thea gut organisiert, sodass sie die anfallende Hausarbeit, Erledigungen und Einkäufe zwischendrin und nebenbei schafft. Denn am Abend ist sie wieder für Paula da: Dann wird geredet, gespielt, gelesen oder musiziert, schließlich muss man sich um Kinder kümmern, sie fördern, ihnen Anregung bieten, damit sie nicht auf die schiefe Bahn geraten, glaubt Thea.

Spätabends ist sie völlig erledigt und frustriert darüber, dass ihr Mann sie weder praktisch noch moralisch unterstützt und auch noch entnervt bemerkt, dass andere Mütter schließlich mit drei Kindern fertig werden. Hinzu kommt, dass Paula zunehmend zickiger wird und lamentiert, dass ihre Freundinnen viel mehr Freiheiten hätten. Thea ist ratlos. Warum kapiert niemand, dass sie nur das Allerbeste für ihr Kind will?

Nun, Thea ist in alle Perfektionistenfallen für Mütter hineingetappt. Und wenn sie nicht umgehend beginnt, ihre Erwartungen zu relativieren und den Alltag für alle Beteiligten zu entstressen, wird der Bumerang immer größer.

So sollte sie ihrer dreizehnjährigen Tochter nicht nur mehr Freiheit einräumen, sondern sie unbedingt zu mehr Selbstständigkeit und Eigenverantwortung erziehen. Warum kann Paula nicht wie andere Schüler mit dem Bus fahren? In Paulas Schule gibt es eine Hausaufgabenbetreuung mit Mittagstisch, die sie zumindest an den Tagen nutzen könnte, an denen Thea im Büro stark eingespannt ist. Um Paulas Englisch-Problem in den Griff zu bekommen, könnte Thea einen Nachhilfelehrer engagieren, und die Chauffeurdienste könnte sie versuchen mit anderen Müttern zu teilen. Außerdem ist es weder notwendig noch angemessen, sich jeden Abend mit Paula zu beschäftigen.

Das Prinzip ist dasselbe, wie Sie es aus Kapitel 5 schon kennen: Entstressen Sie Ihre einschränkendsten Glaubenssätze und relativieren Sie Ihre Erwartungen, dann sehen Sie sich die einzelnen Tätigkeiten an und suchen nach Alternativen. (Sie können dazu wieder die Leerformulare im Anhang benutzen, die Sie schon zum Thema Beruf benutzt haben.) Viel Spaß!

Der Märchenprinz im Kleiderschrank – Schlampinen-Tipps

Schönreden und andere Notlügen. *Also, was tun, wenn Sie Ihren Eltern die Illusion vom idealen Schwiegersohn, vom Traummann ihrer Prinzessin, nicht nehmen wollen? Oder wenn Sie vor der Freundin aus Studientagen nicht zugeben wollen, dass sie mit ihren damaligen Vorbehalten gegen Ihren damaligen Freund (und jetzigen Mann) leider irgendwie Recht hatte?*

Ein paar kleine Lügen helfen weiter: Besorgen Sie einfach selbst einen imposanten Blumenstrauß, einen auffälligen edlen Briefumschlag aus Büttenpapier, eine Flasche Champagner, Dessous oder zwei Theaterkarten und behaupten Sie, das sei ein Geschenk Ihres Liebsten. Das schindet nicht nur bei den Eltern oder bei der Freundin Eindruck, sondern ist unter Umständen sogar geeignet, einen fantasie- oder lieblosen Partner ein wenig eifersüchtig und nachdenklich zu machen. Vielleicht ist das gerade der Anstoß, den er braucht …

Ihr Partner hat tatsächlich einige kleine Macken, die Sie selber auch nicht so toll finden? Er zieht sich immer unmöglich an und wirkt manchmal ungepflegt? Kein Problem. Verkaufen Sie diese Attitüde als liebenswerte Eigenschaften eines unangepassten Freigeistes, der

Ihnen tausendmal lieber ist als ein verknöcherter und spießiger Pedant.

Sie geben sich wahnsinnig viel Mühe, aber der Richtige ist Ihnen immer noch nicht über den Weg gelaufen? Und Sie sind es leid, sich dazu dauernd blöde Bemerkungen von Ihren Kolleginnen oder Ihrer zänkischen Verwandtschaft anzuhören? Nun ist Ihre Fantasie gefragt: Erfinden Sie einen Supermann, der idealer als ideal ist und Sie unendlich glücklich macht. Leider ist er aus beruflichen Gründen viel und oft auch kurzfristig unterwegs, sodass es leider immer noch nicht geklappt hat, ihn mal vorzustellen! Sollten Sie nach einer gewissen Zeit doch in Beweisnot kommen: Sicher können Sie irgendwo einen attraktiven, intelligenten Mann auftreiben, den die anderen nicht kennen und der Ihnen zuliebe einen Abend lang die kleine Komödie als Ihr Traummann mitspielt. Danach haben Sie wieder Ruhe!

Experten vorschieben Wie können Sie souverän reagieren, wenn sich Ihre Kinder partout nicht zu solchen Superkindern wie die Sprösslinge Ihrer Schwester (oder Ihrer Freundin) entwickeln wollen? Falls Ihre Schwester nicht gerade Lehrerin oder Erzieherin von Beruf ist, können Sie auf pädagogische Fachkenntnisse verweisen oder das Recht eines jeden Kindes zur freien Entfaltung propagieren: »Ich habe mich eingehend in der Fachliteratur über die angemessene Reaktion auf die kindliche Trotzphase informiert. Auf gar keinen Fall darf man den Willen des Kindes brechen, sonst entwickelt es sich später zum angepassten Jasager. Nicht umsonst sind Montessori-Schulen völlig überlaufen, diese Frau hat schließlich bereits vor 100 Jahren die bahnbrechende Erkenntnis über die Eigenentwicklungspotenziale eines Kindes in einen heute noch anerkannten Erziehungsstil umgesetzt.« Respekt!

Goldene Regeln

1. Neue Perspektiven sorgen für frischen Wind.
2. Träumen Sie Ihre eigenen Träume!
3. Setzen Sie die rosa Brille auf.
4. Geduld, Geduld, Geduld.
5. Think positive!

8 Oberflächlich sauber oder porentief rein?

Für Bea (Mitte dreißig, verheiratet mit Uwe, Sohn Moritz ist 10) ist das gar keine Frage. Natürlich muss im Haus alles porentief rein sein, sonst fängt sie doch gar nicht erst an zu putzen! So hat sie es von ihrer Mutter gelernt und für sich beibehalten.

Nur mit größter Mühe schafft sie es, alle ihrer Meinung nach notwendigen Aktivitäten in ihrem übervollen Terminkalender unterzubringen. Und abends ist sie dann total ausgepowert. Ihr Tag beginnt um sechs Uhr früh. Bevor Bea das Haus gegen acht Uhr dreißig verlässt, ist im Haushalt »Klarschiff«: Betten gemacht, Bad geputzt, Küche in Ordnung, Wäsche eingesammelt und sortiert, aufgeräumt, sichtbaren Staub und Krümel entfernt ... Wie könnte sie sich auf ihre Arbeit konzentrieren, wenn sie wüsste, dass zu Hause ein Saustall auf sie wartet? Freilich, gründlich kann sie auf die Schnelle am Morgen nicht viel machen, aber dafür hat Bea den Freitagnachmittag (da kümmert sich Uwe um Moritz) und den Samstag reserviert. Dann putzt sie Fenster, poliert Silber, stellt die geliebte Ordnung in Küche, Keller und Schränken wieder her und putzt und schrubbt das Haus porentief rein.

In regelmäßigen Abständen ruft Beas Freundin Vera an und will sie überreden, mit ins Fitnessstudio zu kommen: »Lass doch den blöden Haushalt liegen und tu mal was für dich!« Aber darauf kann Bea sich nicht einlassen. Die ganze Arbeit bleibt ja doch an ihr hängen, wie könnte sie sich selbst geklaute Zeit genießen? Und außerdem: Wenn sie sich für das Fitnessstudio entscheiden würde, müsste sie regelmäßig mindestens zwei Mal in der Woche dorthin gehen, denn »richtig oder gar nicht« ist schließlich Beas Maxime in allen Lebensbereichen.

Das bisschen Haushalt

Die bedauernswerte Bea lässt wirklich kein Perfektionisten-Fettnäpfchen aus! Lebensfreude und Spaß opfert sie auf dem Altar der porentiefen Reinheit.

Rund 25 Stunden investiert eine berufstätige Frau und Mutter in den Haushalt – pro Woche! Das macht 100 Stunden im Monat oder 1200 Stunden im Jahr. Ziehen Sie ein paar Wochen

Urlaub ab, so sind das immer noch 1000 Stunden – waschen, bügeln, putzen, aufräumen, einkaufen oder kochen. Auch engagiertere, einsichtigere Musterehemänner als Uwe bringen es gerade mal auf 9 Stunden Haushaltsarbeit in der Woche – und da ist die Autopflege schon mitgerechnet. Im Jahr leistet also auch der gutmütigste Göttergatte nur maximal einen Anteil von 35 Prozent aller im, am und ums Haus anfallenden Arbeiten.

Von ein »bisschen Haushalt« kann, aus weiblicher Sicht zumindest, keine Rede sein. Berufstätige Frauen und Mütter investieren hier locker ein Drittel ihrer Schaffenskraft!

Erschwerend kommt hinzu, dass fast alle anfallenden Haushaltsarbeiten rein gar nichts zum emotionalen Wohlbefinden beitragen. Putzen, Aufräumen oder Waschen ist sogar mit negativen Emotionen besetzt, gerade weil man weiß, dass diese Tätigkeiten nur Stunden oder Tage vorhalten und dann wieder von Neuem anfallen. Einkaufen zumindest ist emotional neutral (wahrscheinlich weil hierbei die Freude am Konsum dominiert). Einzig positiv wird von vielen Frauen das Kochen erlebt. Hier sind Kreativität und Organisationstalent gefragt, man kann einen eigenen Stil entwickeln, und es besteht immerhin eine winzige Chance, von der Familie auch einmal ein Lob zu erhalten.

Damit wären wir beim nächsten (Leid-)Thema, der mangelnden Anerkennung und Wertschätzung der Haushaltsarbeiten. Diese Tätigkeiten gelten in unserer Gesellschaft leider wenig. Klar weiß jeder um die Notwendigkeit, dass eben irgendwer all die großen und kleinen oft undankbaren Handgriffe im Haushalt erledigen muss, aber offensichtlich erliegen die meisten Männer dem Irrglauben, dass Frauen die Haushaltsarbeit quasi

Checkliste Haushalt

1. Schritt: Listen Sie in Spalte 1 alle in Ihrem Haushalt erforderlichen Aufgaben genau auf. In der Spalte 2 legen Sie fest, wie oft pro Woche Sie bisher die Aufgabe erledigt haben. Tätigkeiten, die nur alle zwei oder alle zehn Wochen erledigt werden müssen, können Sie anteilig auf eine Woche umrechnen (0,5 Mal oder 0,1 Mal). Als Nächstes überlegen Sie sich ein realistisches Zeitlimit (in Minuten) für die jeweilige Aufgabe und tragen dieses in der 3. Spalte ein. Denken Sie daran, schon bei diesen Planzahlen eine Herabsetzung Ihres bisherigen Anspruchsniveaus einzukalkulieren!

2. Schritt: Nun multiplizieren Sie die Frequenz pro Woche mit dem Zeitlimit (Spalte 2 x Spalte 3) und erhalten in der Spalte 4 den Zeitbedarf pro Woche (in Minuten) für jede Tätigkeit sowie als Summe der Spalte 4 den gesamten Zeitbedarf zur Erledigung aller anfallenden Haushaltsarbeiten.

3. Schritt: In der 5. Spalte notieren Sie sich Handlungsmöglichkeiten oder Aktivitäten, die Ihren Zeitaufwand bei der jeweiligen Aufgabe drastisch verringern könnten (denken Sie ruhig kreativ und in alle Richtungen).

4. Schritt: In der letzten Spalte 6 tragen Sie nun den neuen geschätzten Zeitbedarf pro Woche ein. Und dann freuen Sie sich über die neu gewonnene Zeit zum Faulenzen, Entspannen, Ausgehen, Spanisch lernen ...

Formular Haushaltsanalyse am Beispiel Karla

Aufgabe	Frequenz pro Woche	Zeitlimit in Minuten	Minuten pro Woche
Frühstück	7	10	70
Geschirrspülen	7	15	105
Kochen	5	45	225
Aufräumen	6	20	120
Betten machen	7	10	70
Staubsaugen	3	60	180
Böden wischen	1	30	30
Abstauben	1	50	50
Bad/WC putzen	2	30	60

Sparpotenzial/Aktivitäten	neuer Zeitbedarf
Fastentag einlegen (bin eh zu dick), im Büro frühstücken, sonntags brunchen gehen	35
Tasse etc. sofort kurz ausspülen und mehrfach benutzen, Spülmaschinendeo kaufen und nur alle zwei oder drei Tage spülen	60
Essen gehen, kalt essen, er kocht, Pizzadienst, einfachere (Fertig-)Gerichte kochen	70
liegen lassen, oberflächlich ordentlich wirkende Stapel bilden, Chaosecke in der Abstellkammer installieren und diese nur alle paar Tage entsorgen	70
Bett nur aufschütteln, Spannbetttücher benutzen, jeden zweiten Tag gar nicht machen	20
statt Staubsauger gezielt einen Swiffer benutzen, einzelne Wollmäuse mit der Hand aufklauben	100
auf sichtbaren Teil beschränken, bei trockenem Wetter nur alle zwei Wochen komplett wischen	15
wedeln statt wischen (verteilt den Staub optisch sehr schön gleichmäßig), nur vor den Büchern etc. wischen, nur sichtbare Möbelteile abstauben (die Schwiegermutter ist sowieso ziemlich klein und kann gar nicht auf die Schränke gucken)	30
Waschbecken und Dusche immer sofort abspülen, After-Shower-Spray gegen Kalk benutzen, die temporären Kalkspuren als interessante Objekte zur Meditation betrachten	30

193

Aufgabe	Frequenz pro Woche	Zeitlimit in Minuten	Minuten pro Woche
Fenster putzen	0,25	180	45
Einkaufen	2	80	160
Waschen und Bügeln	1	150	150
			Summe ca. 22 Stunden

im Blut liegt. Und Frauen lassen sich die Verantwortung für den Haushalt leider immer wieder aufdrücken.

Wenn Sie Ihre Familie aber zu einer anderen Meinung bekehren wollen und über die Haushaltsplackerei stöhnen, sie mit Details belästigen (»Wer hat schon wieder ein Stück knallrotes Papier in seiner Hemdtasche gelassen? Nun ist mal wieder eine ganze Maschine 60-Grad-Wäsche rosa verfärbt, und ich kann schauen, wie ich das wieder in Ordnung bringe – wenn es überhaupt klappt.«), oder um Lob betteln (»Habe ich nicht eine schöne Weihnachtsdeko gezaubert? Und hat fast nichts gekos-

Sparpotenzial/Aktivitäten	neuer Zeitbedarf
erst putzen, wenn man bei strahlendem Sonnenschein im Zimmer den Eindruck hat, es sei ein sehr trüber Tag, einmal pro Quartal einen Fensterputzer engagieren, bunte durchscheinende Saris vor den Fenstern drapieren	10
mit Einkaufsliste optimieren, mit Freundin zusammentun und wechselseitig Grundbedarf mitbringen, Lieferservice beauftragen, per Internet bestellen	90
Wäscherei für große Teile, sich ab und an Hemdenservice leisten, Klamotten kaufen (je mehr man hat, desto seltener muss man waschen, oder?), nur manche Teile bügeln, bevorzugt schicke bügelfreie Teile kaufen	90
	Summe neu ca. 10 Stunden

tet!«), werden Sie nicht nur keine Anerkennung ernten, sondern bestenfalls als Nörglerin oder notorische Nervensäge hingestellt. Das haben Sie dann davon, dass Sie der einzige Mensch sind, der einsieht, dass eine(r) eben all die freudlosen Dinge erledigen muss, deren ein funktionierender und harmonischer Haushalt bedarf!

Wenn Sie den Plagegeist Perfektion aus Ihrem Haushalt verbannen möchten, sollten Sie ihm zunächst richtig auf die Schliche kommen, ihn genauer kennen lernen, um ihn dann mit seinen eigenen Waffen zu schlagen. Trennen Sie also hinsichtlich

Ihrer perfektionistischen Ambitionen die Spreu vom Weizen: Wann ist Perfektionismus im Haushalt sinnvoll und angebracht, wann übertrieben?

Jil hat ihre Wohnung seit rund drei Wochen nur noch bei Regen gelüftet, weil sie den ekligen gelben Blütenstaub (es ist gerade Baumblüte im nahe gelegenen Laubwald) nicht auch noch freiwillig hereinlassen will. Es reicht ihr schon, dass sich der Blütenstaub einen Weg durch irgendwelche Ritzen bahnt und tägliches Staubwischen nötig macht. Hinzu kommt, dass sie jede Woche die Fenster putzen muss, um überhaupt noch hinausschauen zu können.

Sicherlich werden Sie mit uns übereinstimmen, dass Jil es mit dem Haushaltsperfektionismus auf Kosten ihrer Lebensfreude und der ihrer Familienmitglieder wohl übertreibt!

Sie sollten Ihre perfektionistischen Ambitionen auf die Harmonisierung Ihrer eigenen Bedürfnisse mit den Anforderungen eines funktionierenden Haushalts- und Familienlebens umlenken, und dabei werden Sie schnell feststellen, wie viel Spaß es macht, auch wieder an sich selbst zu denken.

Gehen Sie Ihre Analyse also radikal und konsequent an. Wir haben in unserem Beispielformular die typischen Tätigkeiten in einem Zweipersonenhaushalt mit einer Perfektionistin, nennen wir sie Karla, aufgelistet, die Sie natürlich im Leerformular im Anhang mit Ihren individuellen spezifischen Aufgaben ergänzen können.

Zugegeben, Sie müssen schon ein wenig Zeit in diese Plantabelle investieren, aber das Ergebnis wird Sie überzeugen. Und die intensive gedankliche Beschäftigung mit diesem Thema wird Sie auf die Schliche so mancher Perfektionisten-Fettnäpfchen sowie Zeit- und Energiefresser bringen.

Mit einem Wisch ist alles weg

Das nächste Maßnahmenbündel, um dem lästigen Haushaltsperfektionismus zu Leibe zu rücken, besteht in der Vereinfachung notwendiger Arbeiten. Wir möchten Ihnen die wichtigsten Haushaltsbereiche noch einmal in Erinnerung rufen und kurz ihr Vereinfachungs- oder Erleichterungspotenzial prüfen.

Kochen

Vorbereitung und Kochen sind dank schneller, einfacher Küche in höchstens einer halben Stunde zu bewältigen, und dazu gibt es stapelweise Anregungen, Rezepte und Tipps in Kochbüchern oder Zeitschriften.

Fertiggerichte und Tiefkühlkost sind durchaus schmackhaft und oft von guter Qualität. Auch Fix-Produkte oder die neuen Koch-Sets (alle Zutaten inbegriffen) sind hilfreiche Erfindungen. Ebenso können Sie dank dem Earl of Sandwich auf das gute alte Butterbrot zurückgreifen, vornehm auch kalte Platte genannt. Wenn es noch einfacher gehen muss, können Sie auch telefonisch Pizza (chinesische Gerichte, Sushi …) bestellen. Oder Sie gönnen sich nach einem stressigen Arbeitstag öfter mal einen Restaurantbesuch – es muss ja nicht immer ein Gourmettempel sein.

Einkaufen

So selten wie möglich lautet hier die Devise. Ein gut geplanter Großeinkauf alle vier bis sechs Wochen verringert den wöchentlichen Einkaufsstress enorm. Die Erstellung detaillierter Einkaufslisten sowie planvolle Vorratshaltung an Basislebensmitteln und Hygieneartikeln (Kaffee, Salz, Nudeln, Konserven, Zahnpasta, Klopapier, Seife, Spülmittel ...) sind für Haushaltsperfektionistinnen sowieso Standard. Aber wenn Sie nun schon für eine vollständige Einkaufsliste Sorge tragen, warum delegie-

ren Sie den Einkauf als solches nicht – falls vorhanden – an Ihren Partner, größere Kinder oder andere Mitbewohner Ihres Haushalts?

Ebenso empfiehlt sich ein Lieferservice, den viele Supermärkte sogar ohne Aufpreis anbieten. Genial, wenn Sie schon genau wissen, welche Produkte Sie brauchen und Ihre Einkaufsliste dann eben per Telefon übermitteln.

Den Einkauf von Kleidung, Büchern, Dekoration, Haushaltsgeräten oder Unterhaltungselektronik können Sie, falls Sie weder Zeit noch Muße zu ausgedehnten Shoppingtouren haben, durch Vorinformationen im Internet oder mittels Katalogen oder Prospekten bequem vorbereiten oder auch gleich tätigen.

Aufräumen

Öffentliche Bereiche wie Diele oder Wohnzimmer können Sie nach einem realistischen Standard mehr oder weniger ordentlich halten, Ihre privaten Räumlichkeiten sollten Sie aber ruhig mit den wohlwollenden Augen einer schlampigen Person betrachten. Es ist durchaus in Ordnung, wenn sich auf dem Stuhl im Schlafzimmer einige Pullover und zwei Hosen tummeln – denen tut das garantiert nicht weh.

Befreien Sie sich von unnötigen Dingen! Muss der Pokal, den Sie bei der Segelregatta in Studentenzeiten errungen haben, wirklich weiterhin als Staubfänger fungieren? Sind Sie wirklich verpflichtet, Ihre Wand mit den hässlichen Sammeltellern der längst verstorbenen Tante zu verunstalten? Misten Sie regelmäßig aus und trennen Sie sich von uralten Sammelstücken, ungeliebten Geschenkartikeln, angestoßenen Vasen, geschmacklosem Nippes, alten Zeitschriften oder Erinnerungsstücken, die heute nicht mehr zu Ihrem Lebensstil passen. Entsorgen Sie Ballast, indem Sie ihn wegwerfen, verschenken oder auch ordentlich in Kisten verpackt auf dem Speicher aufbewahren (man weiß ja nie, wozu man den Krempel noch einmal gebrauchen kann), aber schaffen Sie ihn aus Ihrem Blickfeld, aus Ihrem Alltag – Sie werden sich befreit fühlen!

Für unfreiwillige Aufräumperfektionisten empfiehlt sich zudem die persönliche Konfrontationstherapie: Erklären Sie einen Raum, einen Schrank oder auch nur eine Schublade zu Ihrem Chaosplatz. Dort soll und muss das Chaos regieren, aufräumen ist verboten, tägliches Betrachten empfohlen – und das wird Ihnen von Tag zu Tag weniger zusetzen!

Abstauben und Staubsaugen

Nicht jedes Staubkorn muss sofort bekämpft, nicht jeder Krümel sofort eliminiert werden! Erhöhen Sie Ihre Toleranzschwelle. Einmal Saugen und Abstauben pro Woche genügt völlig, und nicht einsehbare Flächen (auf und unter Schränken, hinter Büchern, unter Sofas) bedürfen wirklich nur sporadischer Säuberung. Und wenn Sie es eilig haben, tut es auch mal der Staubwedel.

Vielleicht können Sie sich auch für einen der futuristischen Staubsauger begeistern, die die Arbeit fast von alleine erledigen. Inzwischen gibt es sogar richtige Staubsaug-Roboter, die das

Saugen völlig selbstständig durchführen. Für das schnelle Aufsaugen von Krümeln, Haaren & Co. ist ein Akku-Handsauger sehr zu empfehlen.

Putzen

Das Putzen von Bädern, Böden, Treppen und Fenstern gehört wahrscheinlich zu den lästigsten Aufgaben im Haushalt. Falls Sie nicht zu den Glücklichen zählen, die hierfür eine Putzhilfe oder zumindest einen Fensterputzer beschäftigen können, haben Sie einen etwas begrenzteren Handlungsspielraum. Denn, wie Ihre Mutter schon sagte: »Was sein muss, muss sein.«

Auch beim Thema Putzen lautet das oberste Gebot Erhöhung der Toleranzschwelle, lassen Sie auch hier mal fünf gerade sein! Viele Menschen leben hervorragend mit Fenstern, die zweimal im Jahr geputzt werden. Warum nicht auch Sie? Und wenn Sie sich partout nicht zu mehr Gelassenheit durchringen können, müssen Sie sich wieder mittels der Konfrontationstherapie dazu zwingen: Verbieten Sie sich zum Beispiel strikt, das Küchenfenster zu putzen – mindestens vier Monate lang.

Übrigens, Fenster zur Nordseite sollten Sie, wenn überhaupt, nur im Falle eines Haus- oder Wohnungswechsels putzen, alles andere ist reine Zeitverschwendung, und damit diese Seite dennoch zum fröhlichen Blickfang wird, drapieren Sie einfach sonnengelbe, leicht transparente Vorhänge davor.

Moderne Reinigungsmittel (Entkalker, Glanzspray, Kunststoffreiniger, Badreiniger, Fensterschaum) können die unumgänglichen Arbeiten ebenso erleichtern oder vereinfachen wie die große Angebotspalette an Neuentwicklungen und Hilfsmitteln (Swiffer, Fensterabzieher, Mikrofasertücher). In großen Haushalten vereinfacht ein Dampfreiniger die Putzarbeit erheblich (kann man auch ausleihen). Und wenn Sie wissen möchten, was es in diesem Bereich an Neuerungen gibt: TV-Werbespots sind eine gute Informationsquelle.

In jedem Fall gilt: nur dort saubermachen, wo der Schmutz wirklich auffällt. Also, nur vorne am Regal (vor den Büchern) abstauben, sichtbare Bodenflächen erst dann wischen, wenn das Muster des Bodenbelages kaum noch zu erkennen ist, nur saugen, wenn Staub oder Krümel wirklich ins Auge fallen.

Wäschepflege

Auch die ständige Bezwingung des gemeinen Wäschebergs erfordert ein gewisses Maß an Planung, damit Zeit und Energie (Ihre und die der Umweltressourcen) eingespart werden können.

Kaufen Sie Waschlappen und andere textile Hilfsmittel als Einwegprodukte. (Diese Dinge sind mittlerweile als Recycling- und Ökoprodukte erhältlich – Sie brauchen also kein schlechtes Gewissen zu haben, denn dauerndes Waschen mit dem damit verbundenen Wasser- und Waschmittelverbrauch ist auch nicht ohne!)

Für größere Familien ist die Anschaffung eines Sortierbehälters sinnvoll (natürlich müssen Sie dann alle Mitbewohner in die Geheimnisse des korrekten Wäschesortierens einweihen).

Für Handtücher, Baumwollunterwäsche, Bettwäsche, T-Shirts oder Kinderbekleidung empfiehlt sich ein Wäschetrockner. So können Sie sich das Bügeln erleichtern und sparen die Zeit zum Aufhängen. Außerdem ersparen Sie sich etliche Waschgänge, wenn Ihr Trockner ein gutes Lüftungsprogramm hat – den vom Kneipenabend verräuchert riechenden, aber ansonsten sauberen Pulli können Sie frisch gelüftet ruhig ein weiteres Mal tragen.

Bevorzugen Sie Hemden und Blusen, die bügelfrei sind. Handtücher werden übrigens nicht gebügelt, nur zusammengelegt. Das Gleiche gilt für Bekleidung aus Mikrofasern sowie für die meiste Kinderbekleidung.

Bedienen Sie sich der großen Palette wirklich nützlicher Hilfsmittel wie Weichspüler, Bügelhilfen oder Sprühstärke, um den Bügelaufwand zu reduzieren. Auch Geräte wie eine Dampfbügelstation erleichtern die Arbeit. Und neuerdings gibt es sogar professionelle Hemdenbügelmaschinen für den Hausgebrauch: ein Gummipuppentorso mit Dampffunktion.

Lernen Sie, auch mit einem Riesenkorb Bügelwäsche im Nacken einen gemütlichen Abend auf dem Balkon zu genießen, morgen kann es wieder regnen. Erinnern Sie sich an Ihre Prioritäten!

Geben Sie Bett- und Tischwäsche in die Heißmangel, oder besser: Kaufen Sie gleich bügelfreie Jerseybettwäsche und Tischsets.

Wenn Knöpfe annähen und Säume befestigen nicht Ihr Ding sind und Ihnen diese Arbeiten nicht von der Hand gehen, bemühen Sie eine Änderungsschneiderei, oder heben Sie die Flickwäsche bis zum nächsten Besuch Ihrer Schwiegermutter auf.

Papierkram

Erledigen Sie den privaten Schreibkram möglichst zeitnah. Nichts ist schlimmer als ein Riesenstapel »Alles und Nichts« auf dem Schreibtisch. Ein durchdachtes Ablagesystem hilft dauerhaft, Papiere wieder zu finden oder Termine nicht zu verpassen. Den allwöchentlichen Weg zur Bank können Sie durch Onlinebanking einsparen – leider produziert Ihr Drucker allerdings noch keine Banknoten, oder? Der Weg zum Geldautomaten wird Ihnen also vorläufig erhalten bleiben, was aus Gründen der Fitness ja gar nicht so schlecht ist.

Das Vereinfachungspotenzial bei gängigen Hausarbeiten ist, wie Sie sehen, nicht unbeträchtlich, und wir sind davon überzeugt, dass Sie mit etwas Überlegung und Fantasie nun noch eine Menge individuelle Erleichterungsmöglichkeiten für die ermüdende tägliche Haushaltsroutine entdecken werden. Machen Sie sich das Leben leichter – und dabei dürfen Sie ruhig ein wenig Perfektion entwickeln.

Schneewittchen und die sieben Zwerge – Delegieren, aber richtig

Bei der intensiven Analyse der möglichen Zeitsparfaktoren im Haushalt sind Sie sicher bereits darauf gekommen, dass Sie zukünftig nicht zwingend den Großteil aller Haushaltsarbeiten alleine erledigen wollen. Es gilt also, wackere Mitstreiter (zur Not tun es auch unwillige Sklaven) einzubinden, um das lästige Thema in den Griff zu bekommen.

Überlegen Sie als Erstes, auf welche externen Hilfskräfte und Dienstleistungen Sie zurückgreifen können – ein auch für alleinlebende Single-Frauen äußerst praktikabler Ansatz. Zum einen können Sie eine Putzhilfe beschäftigen, Ihre Wäsche in die Wäscherei geben oder einen Lieferservice in Anspruch nehmen. Das kostet zwar etwas Geld, verschafft Ihnen jedoch die persönliche Freiheit, von der Sie schon lange träumen. Und außerdem kurbeln Sie damit die Wirtschaft an und tun eine gute Tat.

Alternativ könnten Sie sich einem der privaten Tauschringe anschließen, die in vielen Gemeinden nach dem System »Biete Buchhaltung – Suche Bügelhilfe« oder »Suche Babysitter – Kaufe für Sie ein« operieren. Wirtschaftlich wird so etwas hochtrabend Optimierung der Kernkompetenzen genannt, was einfach heißt, dass die Vorlieben und Abneigungen ungleich verteilt sind und man dieses Ungleichgewicht nutzen kann.

Sollte es bei Ihnen vor Ort so einen Tauschring nicht geben, können Sie natürlich Ihre private Dienstleistungsbörse initiieren, indem Sie beispielsweise im Garten Ihrer Schwester arbeiten und diese Ihnen im Gegenzug Ihre Wäsche bügelt. Oder Sie hüten einen Abend die Kinder Ihrer Freundin gegen einen Nachmittag Fensterputzen in Ihrer Wohnung.

Auch gemeinsam arbeiten ist weniger stressig als allein gefrustet vor sich hin zu werkeln. Man kann sich mit der Freundin unterhalten, ein Glas Prosecco trinken und hat im Handumdrehen die sonst so ungeliebte Hausarbeit erledigt.

Wenn Sie in einem Mehrpersonenhaushalt mit einem Partner und/oder Kind(ern) oder in einer Wohngemeinschaft leben, steht Ihnen mindestens eine Kraft zur Verfügung, die Sie in Ihre neue »Ich-will-nicht-alles-alleine-machen-Strategie« einbinden können. *Delegieren vor Strapazieren* heißt die Devise erfolgreicher Haushaltsmanagerinnen. Voraussetzungen sind neben effizienter Organisation einfühlsame Leistungskontrolle und viel Toleranz. Erziehen Sie sich und Ihre Mitbewohner, aber fangen Sie es planvoll und behutsam an!

Natürlich ist es nicht leicht, die Helfer dauerhaft bei der Stange zu halten. Ebenso wie im Berufsleben gilt es, die Haushaltscrew einfühlsam, aber konsequent zu führen. Wenn Sie meinen, Sie müssten Ihrem Partner genau erklären, wie er das Abendessen zuzubereiten hat, verplempern Sie nicht nur unnötig Ihre Zeit, sondern verärgern und demotivieren Ihren Aushilfskoch. Besprechen Sie lieber im Vorfeld gemeinsam, was gekocht wird, fragen Sie, ob er Hilfe braucht, und ansonsten lassen Sie sich überraschen!

Pochen Sie auf die vereinbarten Leistungen, lassen Sie dabei jedoch genügend Spielraum. Wenn Ihre Tochter für die Altpapierentsorgung zuständig ist, schreiben Sie ihr nicht vor, wie und vor allem wann die ausgelesenen Zeitungen in dem vorgesehenen Sack oder Container zu verstauen sind, sondern markieren Sie den Abholtag in der Spalte Ihrer Tochter auf dem Familienkalender (bei mehr als zweiköpfigen Familien ein überaus nützliches Utensil). Sollte sie trotzdem vergessen haben, die Stapel zu entsorgen, fragen Sie voller Interesse, wann denn die erste Skulptur aus Pappmaché zu erwarten ist, denn

Lernen Sie zu delegieren!

1. Schritt: Zunächst müssen Sie Ihre Wohngenossen über Ihre Überlegungen und Ihr Vorhaben in Kenntnis setzen. Sprechen Sie offen über Ihren Frust, über den täglichen Haushaltsstress, darüber, dass Sie ab sofort andere Prioritäten setzen möchten und gemeinsam über eine neue Arbeitsteilung beratschlagen sollten. Wählen Sie für dieses wichtige gemeinsame Gespräch einen günstigen Zeitpunkt aus, zu dem alle Mitbewohner entspannt und aufnahmefähig sind.

Achten Sie auf Ihren Ton: nicht anklagend, vorwurfsvoll, leidend, sondern optimistisch und mitreißend. Motivieren Sie die anderen, gemeinsam nach einer Lösung des Problems zu suchen.

Formulieren Sie Ihr Anliegen klar und deutlich: »Ich werde ab sofort nicht mehr alleine die Verantwortung für den Haushalt übernehmen. Wir werden die Aufgaben gerecht unter uns allen aufteilen und darüber hinaus ein paar verbindliche Regeln vereinbaren.«

Auf keinen Fall sollten Sie einen fertigen Arbeitsplan präsentieren, in dem etwa festgelegt ist, wer wann die Spülmaschine ausräumt, den Tisch abräumt, zum Bäcker geht oder den Müll wegbringt. Das würde Einsicht und Hilfsbereitschaft Ihrer Lieben im Keim ersticken! Beratschlagen Sie gemeinsam, wer was gut kann, wer was gerne macht oder wer wann am ehesten Zeit hat. Bei Tätigkeiten, die keiner gerne macht (Toilette putzen oder Treppe wischen), sollten Sie gemeinsam überlegen, wen diese Arbeit am wenigsten Überwindung kostet.

2. Schritt: Sammeln Sie die Vorschläge und Angebote aller Mitbewohner und nehmen Sie sie ernst. Auch ungewöhnliche Lösungen sind erlaubt: Wenn Sohn Max die Socken der Familie partout nur vor dem Fernseher zusammenlegen möchte, warum nicht? Wenn Ihre Zimmergenossin Ida nur nachts um drei das Bad putzen kann, dieses aber leise wie ein Heinzelmännchen tut – na und? Hauptsache, Sie müssen es nicht weiterhin selber tun.

3. Schritt: Am Ende eines erfolgreichen Gesprächs verfügt jeder Mitbewohner über klare Aufgaben und Kompetenzen. Bestehen Sie nun darauf, dass jeder dauerhaft die Verantwortung für seinen Bereich übernimmt (wenn Ihr Partner sich um den Getränkeeinkauf kümmert, ist er alleine dafür verantwortlich, den Vorrat spätestens am Samstagvormittag zu kontrollieren und aufzufüllen, damit die Familie am Sonntag nicht auf dem Trockenen sitzt). Auch kleinere Kinder ab etwa 5 Jahren können regelmäßige Pflichten im Haushalt übernehmen (Tisch decken, kleine Handreichungen, leichte Dinge aus dem Keller holen ...). Und je mehr Vertrauen Sie dabei in Ihre Helfer setzen, desto eifriger und motivierter werden sie sein. Aber Vorsicht, erwarten Sie bloß keine Perfektion! Schauen Sie nicht argwöhnisch unters Bett und in die Ecken, wenn Ihr Partner staubgesaugt hat, sonst macht er es nie wieder. Loben und belohnen Sie Ihre Lieben für gute Arbeit, nur das motiviert (wie Sie aus eigener Erfahrung nur zu gut wissen). Und sehen Sie mit stählernen Nerven über Wollmäuse unter dem Sofa, oder bunt gewürfelte Pulloverstapel im Schrankfach hinweg – schließlich geht davon die Welt nicht unter.

offensichtlich hortet sie ja schon seit Wochen genügend Material dafür.

Definierte Arbeitsgebiete und -umfänge, klare Ziele und Anweisungen, direkte Ansprache sowie ausreichend Lob sind die Voraussetzungen für das reibungslose Funktionieren Ihrer Mannschaft. Da Sie ja womöglich immer noch das Gros der Arbeiten selbst erledigen, wird es Ihnen auch nicht schwerfallen, mit gutem Beispiel voranzugehen.

Wenn Sie es also geschickt anstellen, können Sie in kürzester Zeit von der »Dienstbotin« zur »Haushaltsmanagerin« aufsteigen, ein beachtlicher Karrieresprung, zu dem Sie sich insgeheim selbst beglückwünschen dürfen! Als Managerin tragen Sie die Hauptverantwortung, stellen sicher, dass der Laden läuft, geben die Ziele vor, delegieren und organisieren, wobei es sich leider nicht vermeiden lässt, dass Ihnen immer noch ein gewisses Bündel an Hausarbeit selbst überlassen bleibt. Aber bestimmt werden Sie mit der neu entwickelten Lösung Ihr Los zufriedener tragen, und vor allem ist mehr Wertschätzung Ihrer Arbeit durch Ihre Mitbewohner garantiert. Nur ein Partner, der selbst einmal die großen Fenster im Wohnzimmer geputzt hat, versteht, welche Leistung Sie seit Jahren erbringen.

Legen Sie Ihren perfektionistischen Maßstab niemals an die Leistungen Ihrer Hilfskräfte an, sonst müssen Sie am Ende doch wieder alles selber machen! Genießen Sie es lieber, durch Arbeitsteilung und geschickte Organisation ein wenig freie Zeit für sich herauszuschlagen. Auch Sie brauchen Zeit zum Auftanken und Ausspannen oder Zeit sich zu pflegen, zu lesen oder Ihren Hobbys nachzugehen.

Aber nicht nur Arbeitsteilung, sondern auch die Vereinbarung verbindlicher Regeln sollte auf der Tagesordnung der großen Konferenz stehen. Regeln wie

- Schuhe werden immer im Flur ausgezogen.
- Küche und Bad hinterlässt jeder so, wie er sie vorgefunden hat.
- Schmutzige Wäsche ist neben der Waschmaschine zu deponieren (sonst wird sie nicht gewaschen!).
- Was auf/an der Treppe steht, wird stets mit nach oben (oder unten) genommen (Treppenregel).
- Jeder macht morgens sein Bett.
- Jeder räumt von ihm benutzte Utensilien nach Gebrauch wieder auf (Kochutensilien, Werkzeuge, Geschenkpapier …).
- Abfälle werden sofort/zeitnah und richtig getrennt entsorgt.
- Schmutziges Geschirr kommt unverzüglich in die Spülmaschine.

Dies sind nur Beispiele, die Sie für die individuelle Situation Ihrer Familie oder Wohngemeinschaft ergänzen oder modifizieren können. Ziel ist dabei, das Zusammenleben zu vereinfachen, Konflikte zu vermeiden und natürlich Ihnen als Haushaltsmanagerin das Leben leichter zu machen.

Bestimmt können Sie Ihren Mitbewohnern nun leichter verständlich machen, dass es sich für jeden Einzelnen nur um ein paar Handgriffe handelt, die erst in der Summe und im Zeitablauf zu dem schwer bezwingbaren Berg an Hausarbeit anwachsen, gegen den Sie seit Jahren einsam und frustriert wie Sisyphos ankämpfen.

Ein fröhliches Lied auf den Lippen

Allen Vereinfachungsmaßnahmen zum Trotz bleibt natürlich ein gewisser Restbestand an notwendigen Arbeiten an Ihnen hängen, die einfach sein müssen. Wenn das alles bloß nicht so zeit- und energieraubend wäre und wenigstens etwas Spaß machen würde! Die perfekte Erledigung der ganzen undankbaren Haushaltsarbeiten bietet Ihnen nur einen einzigen Befriedigungsaspekt: Ihre selbst gesetzten (ehemals überhöhten) Maßstäbe und Ziele zu erfüllen. Die Arbeiten an sich bieten wenig Herausforderungspotenzial, nur die Zielerreichung zählt.

Motivationspsychologisch ist jedoch erwiesen, dass einer der maßgeblichen Faktoren, Spaß an einer Tätigkeit zu haben, ein Herausforderungsfaktor ist, der mit den eigenen Fähigkeiten in Einklang steht. Doch davon kann beim Gros aller Haushaltstätigkeiten kaum die Rede sein. Wischen oder Fensterputzen unterfordert Sie (zumindest intellektuell) und bringt deshalb wenig Spaß und Befriedigung.

Das Thema Herausforderung müssen Sie also wohl oder übel selbst in die Hand nehmen. Lassen Sie sich überraschen, wie spannend manche Arbeiten sein können, wenn Sie sich dabei ein witziges Ziel setzen oder ein Spiel daraus machen!

So können Sie sich zum Beispiel vornehmen, das Bad in der Zeitspanne Ihrer aktuellen Lieblingsplatte zu putzen und sich im Lauf der nächsten Wochen auf die Länge eines Songs herunterzuarbeiten.

Auch das so genannte Multitasking bietet sich als Herausforderung an: Beim Bügeln können Sie locker den Tatort im Fernsehen schauen, beim Fensterputzen kann man wunderbar Vokabeln lernen, beim Staubwischen die Präsentation für das Vertriebsmeeting üben ...

Sie können auch eine Wette mit sich selbst abschließen: Ich wette, dass ich in zwei Stunden mit dem Haushalt fertig bin. Wenn ich gewinne, sind ein Paar tolle neue Schuhe fällig – wenn ich verliere, muss ich auch noch den Schreibtisch aufräumen. Das motiviert und spornt zu Höchstleistungen an (in kurzer Zeit wird Ihr Schuhschrank überquellen).

Noch besser ist es natürlich, sich der Herausforderung zu stellen, etwas absichtlich nicht zu tun (das Erbsilber Ihres Mannes wird so lange nicht poliert, bis es ihm selber auffällt, dann können Sie ihm feierlich die zukünftige Verantwortung für diese Arbeit übertragen). Nehmen Sie sich für jede Woche eine Tätigkeit vor, die Sie um mindestens einen Tag aufschieben und liegen lassen. Sie werden sehen, Ihr Fensterputzrhythmus wird sich sehr schnell der gewünschten Marke von maximal zwei Mal jährlich annähern.

Schlecht gewischt, aber gut gelaunt – Schlampinen-Tipps

Auch beim Einsatz der im vorangehenden Kapitel beschriebenen Erleichterungsmöglichkeiten und bei optimaler Arbeitsteilung geraten Sie sicherlich bisweilen in Situationen, die sofortiges, kreatives Handeln erfordern. Ihre Schwiegermutter hat sich kurzfristig angesagt, Ihr Partner musste seinen Vorgesetzten nebst Gattin zum Essen zu Ihnen nach Hause einladen, Ihre neue Bekannte aus dem Chor will schnell mal auf einen Kaffee vorbeischauen, oder Ihre Schwester bittet Sie, einen guten Freund für eine Nacht zu beherbergen.

Unerwarteten Besuch jeder Art wollen wir zum Anlass nehmen, um Ihnen ein paar Tipps und Tricks zu verraten, wie Sie auf die Schnelle, oberflächlich einen »perfekten« Gesamteindruck Ihres Zuhauses produzieren.

Hier geht es also in erster Linie um die optimale Vertuschung etwaiger Ordnungs- oder Sauberkeitsmankos. (Wobei Sie wahrscheinlich die Einzige sind, die diese überhaupt registriert, oder beäugen Sie als Gast in einer fremden Wohnung jede Ecke intensiv auf Dreck und Unordnung? Ist dies tatsächlich der Fall, sollten Sie diese schlechte Angewohnheit schleunigst ablegen!)

Mantel-des-Schweigens-Technik *Schmutz, Dreck und Co. lassen sich im Notfall flugs kaschieren oder verdecken. Schaffen Sie einmalig ein paar Blickfänge oder Hingucker, die Sie dann im Notfall schnell parat haben. Eine auffällige Tischdekoration (Glasschale mit Plastikfischen, opulenter Leuchter, üppiges Gesteck aus Zweigen und Naturmaterialien), eine unkonventionelle Wanddekoration (an die Wand genagelte Tischdecke, ein mit Federn dekorierter Spiegel, ein riesiger chinesischer Fächer), witzige Dekorationsgegenstände (Schaufensterpuppe, ein Arrangement aus leeren Klopapierrollen), Kissen (ausgefallene Materialien und Formen), Tücher und Sofa-/Sesselüberwürfe (ein selbst bemaltes Betttuch, Fellimitatüberwürfe, Chiffontücher) sowie fantasievolle Fensterdekorationen (bis hin zum Bemalen schmut-*

ziger Scheiben) – alles dient nur dazu, den Besucher von staubigen Regalen, dreckigen Böden oder Katzenhaaren auf den Polstermöbeln abzulenken und ihn darüber grübeln zu lassen, ob Sie künstlerisch veranlagt sind oder einen schlechten Geschmack haben.

Zusätzlich können Sie noch die Vorhänge schließen und das Licht dimmen oder ganz auf schummrige Kerzenbeleuchtung umstellen!

Außerdem sollten Sie sich durch aufgeregte Putzaktionen nicht völlig derangieren! Nehmen Sie sich lieber Zeit für sich. Ein schönes Bad, ein bisschen Schminke und ein paar frische Anziehsachen sollten Sie entspannt auf den kurzfristigen Besuch vorbereiten, denn schließlich besucht ja Ihr Gast Sie und nicht Ihre Wohnung!

Ein erprobter Trick ist auch, einen Eimer mit Putzutensilien im Eingangsbereich zu positionieren, Sie wollten doch gerade anfangen zu putzen, oder?

Aus-den-Augen-Trick *Auch der Anschein von Ordnung lässt sich mit wenigen Handgriffen erwecken. Wenn nicht gerade die Schwiegermutter zum mehrtägigen Inspektionsbesuch anrückt, eignen sich Schubladen, Schränke, Bettkästen oder tote Ecken bestens, um ungebügelte Wäsche, alte Zeitungen, getragene Socken und allerlei Krimskrams auf die Schnelle verschwinden zu lassen. Auch ein Paravent leistet gute Dienste in Sachen Vertuschung. Und wenn Ihr Besuch das Schlafzimmer aller Wahrscheinlichkeit nach nicht betreten wird, können Sie hier flugs alles Überflüssige aus dem Wohnbereich deponieren.*

Alles-wie-neu-Masche (oder Erster-Blick-Trick) *Der Zahn der Zeit nagt auch an Teppichböden oder (Polster-)Möbeln. Auch Fle-*

cken widersetzen sich bisweilen allen Entfernungsversuchen. Falls Ihnen Geld, Lust oder Zeit für Neuanschaffungen fehlen, hilft nur noch professionelle Vertuschung. Kleine Läufer verdecken schadhafte Stellen des Teppichbodens, eine schicke Tischdecke oder ein Bettüberwurf vertuschen Flecken auf dem Sofa. Was zählt, ist doch immer nur der erste Eindruck!

Kreative Ausreden *Ob Sie seufzend bemerken, dass Ihre Putzfrau im Lotto gewonnen hat, dass Ihrer Erfahrung nach Putzmittel die Oberfläche der antiken Möbel unnötig angreifen, dass Ihr Meister Proper gerade auf Urlaub ist oder dass Sie wegen Ihres kaputten Armes den schweren Staubsauger nicht heben können – das Mitgefühl Ihrer Besucher ist Ihnen sicher!*

Goldene Regeln

1. Eliminieren – reduzieren – delegieren – regenerieren!
2. Erziehen Sie Ihre Mitbewohner zu willigen kleinen Heinzelmännchen!
3. Belohnen Sie sich ausreichend!
4. Üben Sie Toleranz!
5. Erst nachdenken, dann liegen lassen.

---

9 Freizeit, Freunde und Familie – Frust statt Fun?

Es ist Samstagnachmittag. Anna ist mitten in ihrem wöchentlichen Hausputz. Bei herrlichem Sommerwetter vergnügen sich ihr Mann Udo und die Kinder im Garten, Anna schwitzt vor Anstrengung, und wenn sie an die kommenden Tage denkt, wird ihr gleich noch viel heißer. Am Abend ist die Familie bei guten Bekannten zum Grillen eingeladen. Lars und Amélie sind ja an sich ganz nett, aber sie betreiben immer so einen unglaublichen Aufwand, dass Anna glaubt, bei einer Gegeneinladung nicht mithalten zu können. Dort passt immer alles: perfekte Tischdekoration, Haus und Garten top gepflegt, Amélie sieht blendend aus und ist nach der neuesten Mode gestylt, Lars serviert weltmännisch, lässig und souverän edelste, wohltemperierte Getränke und butterzarte Filets. Überflüssigerweise hat Anna sich auch noch aufgedrängt, den Nachtisch mitzubringen, das wird sie eine weitere Stunde an diesem ohnehin zu kurzen Nachmittag kosten. Sie hat auch keinen Schimmer, was sie anziehen soll, ihre Haare muss sie noch waschen und föhnen, und mit diesen Fingernägeln kann sie auch nicht mehr unter die Leute.

Erleichtert stellt Anna fest, dass Udo begonnen hat, den Rasen zu mähen. Hoffentlich kehrt er danach auch noch die Terrasse. Das Telefon klingelt, und ihre beste Freundin Lilo ist dran. Der erzählt Anna von ihrem Megastress, aber nach der erhofften Mitleidsbekundung bittet diese sie, unbedingt den PC anzuwerfen und nachzusehen, ob sie eine Mail von ihrer gemeinsamen Freundin Birgit erhalten hat. Dem ist nicht so, und deshalb besteht Lilo darauf, sofort weitergehende Suchmaßnahmen in die Wege zu leiten, denn schließlich haben sie seit fast zwei Wochen kein Lebenszeichen mehr von Birgit erhalten, obwohl sie sich normalerweise sehr häufig meldet. Anna klemmt sich entnervt das Telefon zwischen Schulter und Ohr und widmet sich inzwischen der Herstellung eines Kuchenteiges (für den Sonntagskaffee mit den Beiers, ihren Nachbarn), während sie gemeinsam mit Lilo überlegt, wen man nach dem Verbleib von Birgit befragen könnte. Sie übernimmt schließlich die Aufgabe, zwei mögliche Kontaktpersonen von Birgit anzurufen, und verspricht ihrer Freundin, sie umgehend über das Ergebnis der Telefonate zu informieren.

Mittlerweile ist die Zeit so fortgeschritten, dass Anna den Rest des Hausputzes liegen lassen, sich umgehend dem Nachtisch und dann sofort ihrem Erscheinungsbild widmen muss.

Als eingefleischter Perfektionistin werden Ihnen solche oder ähnliche Situationen bekannt vorkommen. Auch in Ihrem direkten sozialen Umfeld und in Ihrer Freizeit wollen Sie »Frau Tausendprozent« sein. Der Tag müsste mindestens 48 Stunden haben, und sogar in den raren Mußestunden hadern Sie mit Ihrer Unzulänglichkeit, die perfekte Gattin, Mutter, Hausfrau, Freundin, Gastgeberin oder Gesprächspartnerin in Personalunion zu repräsentieren. Doch diesem (weitgehend selbst erzeugten) Druck können Sie auf Dauer nicht standhalten!

Auch im Lebensbereich *Freizeit und Soziales* gilt es, Ihre perfektionistischen Maßstäbe zu relativieren sowie Druck und Stress herunterzufahren, indem Sie Ihre Erwartungen und Überzeugungen überprüfen und lernen, praxistaugliche Prioritäten zu setzen.

In Kapitel 4 haben Sie schon die Grundlagen gelegt, Ihren Perfektionismus langfristig zu dämpfen und eine lässigere Einstellung zu vielen Dingen zu bekommen. Im Folgenden finden Sie weitere spezifische Entstressungstechniken für den Lebensbereich *Freizeit und Soziales*.

Werfen Sie Beziehungsballast ab

Eine Birgit wie die verschwundene Freundin aus dem Eingangsbeispiel hat fast jeder in seinem Leben. Man kennt sich seit dem Studium oder gar schon aus der Kindheit, war dick befreundet, hat sich aber im Laufe der Jahre auseinandergelebt. Die beiden

Lebenslinien sind einfach zu verschieden verlaufen. Im Laufe der Zeit ist man immer mehr auf Abstand gegangen. Wenn man sich trifft, schwelgt man allenfalls in Erinnerungen, hat sich aber weiter nichts mehr zu sagen. Man hat kein Interesse mehr an dieser Beziehung. Wenn die Dinge so liegen, dann sollten Sie auch keine Zeit, Gefühle oder sonstige Energien mehr verschwenden! Auch nicht Ihrer besten Freundin zuliebe.

Wir alle leben in einem enger oder lockerer geknüpften Beziehungsnetz. Wir brauchen Bindungen und Freundschaften, auch über die Familie hinaus.

Nun gibt es die introvertierten Solisten, die auf soziale Kontakte nur sehr selektiv Wert legen, und es gibt kontaktfreudige Betriebsnudeln, die immer und überall Anschluss suchen und finden. Die Persönlichkeitsmerkmale von Extro- oder Introvertiertheit sind tief im Charakter verankert. Es ist aber auch ein evolutionsbedingtes Naturgesetz, dass (fast) niemand ganz ohne die Nähe anderer Menschen gut und glücklich leben kann.

Aufbau und Pflege von erfüllenden Beziehungen kosten Zeit und emotionale Energie. Davon haben Sie gerade nicht so viel übrig? Sie sind total mit sich selbst beschäftigt, weil Sie in Kürze Ihr zweites Baby erwarten? Sie sind beruflich einfach völlig überlastet? Gut, eine Zeit lang werden Ihre echten Freunde darauf Rücksicht nehmen, aber bestimmt nicht ewig. Wenn Sie Ihre beste Freundin zum x-ten Mal am Telefon abwürgen (»bin gerade total im Stress«) oder Ihren Tennispartner wiederholt versetzen (»hab's leider wieder nicht geschafft«), brauchen Sie sich über deren Verstimmung nicht zu wundern.

Erfüllende Beziehungen erfordern eine langfristige Balance

zwischen Geben und Nehmen – sie kosten Zeit und Energie. Und schon aus diesem Grund ist die Zahl der wirklich guten, echten Freunde naturgemäß begrenzt.

Um Ihr Leben nachhaltig von unerquicklichen Menschen und von Beziehungsballast zu befreien, sollten Sie Ihre wichtigsten sozialen Kontakte auf die Waage legen: Was bringt Ihnen die jeweilige Beziehung, was kostet sie? Stimmt die Balance noch? Dabei zählen nicht nur materielle, sondern überwiegend immaterielle Gewichte. So kann eine Freundschaft Ihr Selbstwertgefühl steigern, Ihren Horizont erweitern, Ihre Laune heben, Sie trösten, Sie aufbauen oder aber auch Sie beruflich weiterbringen. Der Preis für diese Gaben sind Zeit und emotionale Energie (sorgen, kümmern, Anteil nehmen, mitdenken, zuhören).

Ziehen Sie Bilanz: Welche Menschen tun Ihnen gut, bauen Sie auf, geben Ihnen Kraft oder neue Impulse? Und welche Menschen fordern nur Ihre Zeit und Energien, belasten und bedrücken Sie jedoch eher? Macht es für Sie Sinn, die Kindergartenfreundschaft auch nach dreißig Jahren noch aufrechtzuerhalten, nur weil Sie sich schon so lange kennen, aber sich eigentlich schon lange nichts mehr zu sagen haben und in zwei völlig verschiedenen Welten leben? Bringt Ihnen der Kontakt zu Ihrem Jugendfreund noch etwas, obwohl seine Frau Sie und Ihr Partner ihn nicht ausstehen kann und Sie deshalb nur ab und zu heimlich telefonieren? Warum treffen Sie sich immer noch mit der langweiligen Exkollegin aus Ihrer vorletzten Firma? Was sich dort tut, ist Ihnen doch inzwischen völlig schnuppe, und die Kollegin mochten Sie nie wirklich.

Nehmen wir einmal an, Sie zählen zu den extrovertierten und kontaktfreudigen Menschen, verfügen über ein ausgedehntes Beziehungsnetz und wollen als passionierte Perfektionistin natürlich jedem gerecht werden. Dann werden Sie früher oder später an Ihre Zeit- und Leistungsgrenzen stoßen, und all die vielfältigen Beziehungen werden Ihnen mehr Verdruss als Freude bereiten.

Deshalb sollten Sie auch zwischenmenschliche Beziehungen genau unter die Lupe nehmen, Prioritäten setzen und eine bedachte Auswahl treffen. Gewinnen Sie anhand einer einfachen Bestandsaufnahme Klarheit über Ihre Beziehungen.

Bestandsaufnahme soziale Kontakte

1. Schritt: Zunächst erstellen Sie eine Liste mit Ihren wichtigsten oder häufigsten Kontaktpersonen. Berücksichtigen Sie dabei neben Freunden und Verwandten auch Kollegen, Nachbarn, Netzwerke und Vereine; also alle Kontakte, die in Ihrem Alltagsleben regelmäßig auftauchen. Sie werden über die Anzahl der Menschen, mit denen Sie in Kontakt stehen, möglicherweise erstaunt sein.

2. Schritt: Jeder Person auf Ihrer Liste ordnen Sie nun die entsprechende Kontaktfrequenz auf einer Skala von 1 bis 10 zu. Sehen oder sprechen Sie die jeweilige Person sehr häufig (10), mittel (5) oder eher selten (1)?

3. Schritt: Danach ergänzen Sie die Tabelle mit der Spalte Energiebilanz, die Sie in Ihrem Verhältnis zu der jeweiligen Person empfinden. Es gibt dabei zum einen so genannte *Energiefresser* (-), also Beziehungen, in die Sie mehr Energie investieren, als Sie zurückbekommen. Das kann zum Beispiel eine langjährige Freundin sein, die Ihnen nur noch die Ohren über ihre fürchterliche Ehe volljammert, sodass Sie immer total deprimiert und ausgelaugt nach Hause kommen.

Energiespender (++) hingegen sind Personen, die Sie als aufbauend und inspirierend empfinden. Nach einem Treffen mit ihnen fühlen Sie sich erfrischt, ermutigt, voller neuer Antriebskraft oder neuer Erkenntnisse über sich selbst.

Und dann gibt es noch die Personen mit einer *neutralen Energiebilanz* (+). Sie haben Spaß mit ihnen gehabt, das Treffen genossen und das Gefühl, Ihre Zeit nicht vergeudet zu haben. Mal hat die Person Sie aufgebaut, mal haben Sie ihr geholfen, mit ihren Problemen zurechtzukommen.

4. Schritt: Nun verfügen Sie über eine übersichtliche Tabelle Ihrer Kontaktpersonen, die Sie mit der Kontaktfrequenz und der jeweiligen Energiebilanz versehen haben. In der vierten Spalte tragen Sie das Produkt aus Spalte 2 und 3 ein: Sie erhalten eine (doppelt) positive oder negative Zahl. Auf einen Blick können Sie so erkennen, wer in Ihrem Leben eher zu den Stress erzeugenden Menschen gehört. Ihr Ziel ist es natürlich, möglichst wenige und niedrige negative und möglichst viele und hohe positive Werte zu erreichen.

5. Schritt: In der fünften Spalte vermerken Sie Ihr persönliches Resümee, Ihre aus der Analyse folgenden Ziele und Handlungsmöglichkeiten:

- Kontakt abbrechen oder einschlafen lassen = $\circ$
- Kontakt herunterfahren = $\downarrow$
- Kann so bleiben = $\rightarrow$
- Kontakt intensivieren = $\uparrow$

Bevor Sie sich endgültig für einen Kontaktabbruch entscheiden, überlegen Sie bitte, ob es eine Möglichkeit gibt, eine an und für sich wertvolle Beziehung so zu ändern, dass aus einem Energiefresser wieder ein Energiespender wird oder die Bilanz zumindest ausgeglichen ist. Bei Ihrer langjährigen jammernden Freundin, an der Sie trotz allem sehr hängen, könnte das zum Beispiel bedeuten, dass Sie mit ihr ein Grundsatzgespräch führen. Machen Sie ihr klar, dass Sie selbstverständlich bei echten Krisen für sie da sind, aber dass Sie keine Lust mehr haben, dauernd und ausschließlich über immer dieselben Probleme zu reden. Wenn das nicht hilft, können Sie den Kontakt immer noch abbrechen.

Was macht bestimmte Personen sonst noch zu Energiefressern? Nun ist schonungslose Ehrlichkeit gefragt. Neiden Sie ihm oder ihr etwas, oder erkennen Sie in bestimmten Eigenschaften eine ungeliebte Facette Ihres Ichs? Auch dann sollten Sie überlegen, ob Sie die Beziehung künftig anders gestalten können. Wenn eine Person jedoch nach reiflicher Überlegung und Hinterfragung immer noch ein Energiefresser bleibt, sollten Sie sie wenn möglich aus Ihrer Beziehungsliste streichen.

Zum anderen werden wahrscheinlich einige negative Kontakte übrig bleiben, die Sie aus beruflichen oder sonstigen Gründen (zum Beispiel Familie oder Nachbarschaft) nicht komplett abbrechen können. Hier lautet die Devise Schadensbegrenzung: Zumindest sollten Sie versuchen, die Kontaktfrequenz zu verringern.

Anna hat sich die Zeit genommen, ihre Beziehungen unter die Lupe zu nehmen. Im Folgenden das Ergebnis ihrer Bestandsaufnahme.

Tabelle soziale Kontakte von Anna

Kontakte	Frequenz	Energiebilanz	Fazit
Freunde und Bekannte			
Lilo	10	++	++10
Monika	4	++	++4
Amélie und Lars	7	–	–7
Birgit	7	–	–7
Sabine	3	–	–3

Mit viel Ehrlichkeit, etwas Mühe und ein bisschen Zeitaufwand können Sie Ihre Beziehungen auf diese Art analysieren und optimieren. Sie werden möglicherweise neue Freunde gewinnen wollen, sich der schlimmsten Energiefresser entledigen, Beziehungen zu Energiespendern intensivieren und nicht zuletzt eine Menge über sich selbst erfahren.

Befreien Sie sich von belastenden Beziehungen und pflegen Sie bereichernde Verbindungen! Versuchen Sie nicht, »everybody's darling« zu sein (dann werden Sie nur »everybody's depp«), sondern konzentrieren Sie sich auf wenige »echte Freunde«.

Wie Sie ungeliebte, sinnlos gewordene Beziehungen sozialverträglich abbrechen können? Nehmen Sie die Schuld am besten von vornherein auf sich:

Ziele und Aktivitäten
→ stimmt so!
↑ öfter treffen: zum Tennis verabreden
↓ Abbruch geht nicht: gehören zu Udos Kollegenkreis; aber nur noch einmal im Monat treffen statt fast jede Woche
O komplett abbrechen, bringt gar nichts mehr
→ ist beruflich wichtig, muss so bleiben

Kontakte	Frequenz	Energiebilanz	Fazit
Familie			
Mutter	6	+	+6
Bruder Franz	3	++	++3
Schwester Ingrid	4	+	+4
Oma	5	+	+5
Tante Ute	8	–	–8
Kollegen und Netzwerk			
Angie	6	–	–6
Peter	4	+	+4
Frauennetzwerk: Ina, Barbara und Kate	6	–	–6
Nachbarn			
Familie Beier	5	+	+5
Familie Bach	7	–	–7
Vereine und Clubs			
Tennis: Gunnar	4	+	+4

Ziele und Aktivitäten

→ stimmt so!

↑ E-Mail nutzen, endlich Einladung nach San Francisco annehmen

↑ öfter telefonieren, im Sommer in Düsseldorf besuchen

→ passt grundsätzlich, aber öfter zum Essen einladen

↓ Abbruch geht nicht, aber Gespräch führen, dass ihre Überraschungsbesuche nicht erwünscht sind; nur zu Familienfesten mit einladen

↓ private Treffen deutlich beschränken: keine Einzelverabredungen mehr, nur noch zu größeren Festen einladen

→ stimmt so!

↓ oder ○ nur noch alle zwei Wochen zu den Netzwerktreffen gehen, Organisationsaufgabe abgeben, Inas Telefonate abwürgen, evtl. ganz austreten

→ sind zwar etwas spießig, aber durchaus nett und hilfsbereit

↓ auf keine Gespräche am Gartenzaun mehr einlassen – eine widerlich klatschsüchtige Person, diese Frau Bach! Alle Einladungen zu Kaffee oder Grillen mit einer Ausrede ausschlagen, nur noch zum Nachbarschaftsfest gehen

→ passt so!

- »Es liegt an mir …«
- »Ich habe zu viel um die Ohren …«
- »Ich brauche ein wenig Abstand …«
- »Ich brauche Ruhe/Auszeit für mich alleine …«
- »Ich ziehe mich generell von allen zurück …«
- »Ich schreibe meine Memoiren …«
- »Ich habe so viel mit meiner Familie am Hals …«
- »Ich will mich völlig neu orientieren …«

Die andere Person kann dann den Abbruch der Beziehung besser verkraften, wird nicht verletzt und respektiert Ihre Entscheidung möglicherweise eher.

Es muss nicht immer Kaviar sein

Gesellige Abende im Freundes- oder Familienkreis dienen (eigentlich) der Förderung des emotionalen Wohlbefindens. Deshalb hüten Sie sich davor, bei der Vorbereitung dieser Events immer wieder in die fatale Perfektionismusfalle zu tappen! Niemand (außer Ihnen selbst) erwartet von Ihnen die Leistung eines Sternekochs oder eines professionellen Partyservice.

Überlegen Sie realistisch, welcher Aufwand dem jeweiligen Anlass angemessen ist. Natürlich können Sie einen größeren Planungs-, Organisations- und Dekorationsaufwand betreiben, wenn Sie zum Weihnachtsmenü geladen haben (müssen Sie aber nicht!), aber wenn sich kurzfristig ein paar Freunde

zu einem netten Abend ansagen, tun es auch Käse, Brot und Rotwein.

Wenn Sie beispielsweise Ihre Beförderung oder Ihren Geburtstag mit ein paar Freunden feiern wollen, können Sie ein einfaches, aber dennoch effektvolles Menü *inszenieren*. Dabei sind weniger Kochkünste gefragt, sondern Improvisationstalent, Stimmung und Kreativität. Denn nicht nur die Speisen auf dem Teller, sondern die gesamte Atmosphäre entscheiden über das Gelingen des Abends.

Sie können den Abend unter ein Motto stellen, wie *Frühlingsanfang* (Blumen und frische Salatkreationen), *Halloween* (Kürbisgerichte, Gruseldeko) oder *Karibische Nacht* (Cocktails, Fingerfood, Blumenkränze). Jeder Eingeladene wird gebeten, seinen Teil zur Dekoration beizutragen (Sie müssen doch wirklich nicht alles selber machen, oder?). Ein solches Motto ist schon die halbe Miete, denn es macht Spaß und überrascht Ihre Gäste mit etwas Unkonventionellem.

Ob Sie die Speisen im Endeffekt selbst zubereiten, auf einen Profi (Partyservice o. Ä.) zurückgreifen oder gar Ihre Gäste die Gerichte mitbringen lassen, spielt dabei keine Rolle. Was zählt, sind die Idee und deren kreative Umsetzung mit möglichst geringem Aufwand! Unkonventionell und kreativ wäre auch ein *Schlampenabend* (Styling verboten!) oder das Motto *Bei Hempels unterm Sofa* – da sparen Sie sich sogar das Aufräumen und können Ihren Freunden gleichzeitig Ihre (dank der Lektüre dieses Ratgebers) neu gewonnene Nonchalance eindrucksvoll demonstrieren.

Wenn Sie allerdings am Nachmittag auf der Badewiese beschließen, spontan ein paar Freunde zum Grillen am Abend bei sich zu Hause einzuladen, sind Würstchen und Nudelsalat durchaus in Ordnung. Denn denken Sie daran, Ihre Gäste kommen nicht wegen einer exquisiten Speisekarte, sondern um eine angenehme Zeit mit Ihnen (und Ihrer Familie) zu verbringen.

Wenn Ihre Interessen im kulinarischen Bereich liegen, können Sie auch gemeinsam mit Freunden kochen. Verkaufen Sie den Akt des Kochens als eigentliches Event (besonders empfehlenswert, wenn Sie gerne gut essen, sich jedoch als aktive Nichtköchin ansehen, die aber allmählich mit einer eigenen Einladung dran ist). Dazu können Sie das Thema vorgeben und die erforderlichen Zutaten von den Gästen mitbringen oder besorgen lassen. Geschnippelt, vorbereitet und gebrutzelt wird (bei Wein oder Bier) in Ihrer Küche, bevor dann gemeinsam getafelt wird.

Unter Umständen bietet es sich auch an, einen Experten einzuladen, der Sie und Ihre Gäste in eine spezielle Kochkunst einführt oder mit Rat und Tat zur Seite steht (Sushi o. Ä.). Falls Ihr Kücheninventar und Ihre Räumlichkeiten jedoch für solche Kochsessions eher ungeeignet sind, Ihr Portemonnaie hingegen Spielraum bietet, können Sie auch einfach mal wieder essen gehen.

Ansonsten gilt die Regel *Alles zu seiner Zeit* oder frei nach J. M. Simmel *Es muss nicht immer Kaviar sein*. Machen Sie sich das Leben leichter, sparen Sie Zeit und Energie. Es gibt fertig geschnittenes Obst in der Tiefkühltruhe Ihres Supermarktes (nur auftauen, wenn Sie Lust haben, mit etwas frischem Obst und/oder einem Schuss Hochprozentigem aufpeppen – fertig ist der Obstsalat!). Auch tiefgekühlte Kuchen und Torten schmecken prima (die aber wirklich erst auftauen), und es kann eigentlich nichts schiefgehen, wenn Sie immer ein paar auf Vorrat im Gefrierschrank haben. Und dann gibt es ja auch noch diese genialen Backmischungen, aus denen sich in Kürze Kuchen und Torten zaubern lassen.

In italienischen Feinkostläden oder Restaurants können Sie komplette, äußerst dekorative Antipasti-Platten bestellen, bei Ihrem Lieblingsspanier bekommen Sie Tapas-Variationen zum Mitnehmen für jede beliebige Gästezahl, viele asiatische Restaurants bieten einen preisgünstigen Außer-Haus-Service, und in vielen Städten finden Sie Gastronomie-Zulieferanten, die auch in kleineren Mengen die komplette Menü-Palette als »Convenience-Food« (nur erwärmen und anrichten) anbieten. So bekommen Sie beispielsweise Pasteten, Nudelgerichte, Fischspezialitäten wie

Jakobsmuscheln oder Desserts wie Tiramisu, Rote Grütze, Torten, Fruchtpürees direkt nach Hause …

Kulinarischer Snobismus hin oder her, ob Sie zu einem Bootsausflug mit Freunden einen einfachen Wurstsalat (auch fertig vom Metzger) oder in Handarbeit fein angerichtete Lachshäppchen mitbringen, auf den gemeinsamen Spaß wird das keinen Einfluss haben. Und wenn alle Stricke reißen, können Sie immer noch mit Currywurst und Pommes vom Kiosk glücklich werden …

Ich bin ich – ich mach's halt so

Lassen Sie sich von Ihrem Umfeld oder von den Medien keine Standards aufzwingen, sondern setzen Sie selbst die Maßstäbe. Gerade im Lebensbereich *Freizeit und Soziales* ist Ihre Persönlichkeit gefragt. Kultivieren Sie Ihren eigenen Stil und versuchen Sie nicht, andere zu kopieren. Schließlich werden Sie doch gerade aufgrund Ihrer Einzigartigkeit von Ihren Freunden geschätzt. Falls Sie sich da nicht ganz so sicher sind, fragen Sie Ihre Freunde doch einfach einmal, was sie eigentlich an Ihnen mögen – Sie werden überrascht sein, dass es auf keinen Fall Ihr Perfektionismus ist, der die Hitliste anführt!

Erklären Sie die von Ihren Freunden geschätzten Eigenschaften und Verhaltensweisen ab sofort zu Ihrem persönlichen Stil und übertreiben Sie ruhig noch ein wenig. Ein leicht exzentrischer Touch bietet Ihnen noch mehr Freiräume, mit Ihrer neuen Lockerheit zu experimentieren!

Wenn die perfekten Freunde ein lockeres Grillfest zu einem Gala-Diner machen, ist das deren Problem, nicht Ihres. Genießen Sie den Abend dort und lassen Sie sich verwöhnen, bleiben Sie sich bei der Gegeneinladung aber treu und servieren Sie, was Ihnen gefällt, wenig Mühe macht und sich bewährt hat. Bei Ihnen kommt es eben nicht auf Äußerlichkeiten, sondern auf die Menschen an.

Wenn Sie sich dem Gastgeberinnen-Wettbewerb partout stellen wollen, geben Sie sich eben einmal besondere Mühe. Sie überreichen Ihren Gästen eine nette Kleinigkeit als Geschenk (passend zum Motto des Abends: zur *Fiesta Mexicana* einen Papierfächer, zum vorweihnachtlichen Dinner eine Kerze). Falls verfügbar, engagieren Sie ein paar Musiker aus Ihrem Bekanntenkreis, die eine kurze Einlage spielen, oder arrangieren Sie witzige Gesellschaftsspiele. Je schräger, desto besser, denn ein einziges Super-Highlight wird Sie im Gedächtnis Ihrer Gäste als Profi-Gastgeberin bewahren – und Sie können sich den Rest des Jahres getrost auf den Lorbeeren ausruhen.

Etwaige Mankos (aus Ihrer perfektionistischen Sicht) können Sie stets geschickt kaschieren: Verkaufen Sie Ihren Gästen zusammengewürfeltes Geschirr als individuelle Note, aufgepeppten Sangria als Spezialrezept der Familie oder Glühbirnen in Papiertüten als neueste Dekorationsidee aus New York.

Dass Ihre Nachbarin grundsätzlich nur selbst gebackenen Kuchen auftischt, berührt Sie herzlich wenig. Was steht einer aufgetauten Tiefkühltorte entgegen, wenn Sie knapp mit der Zeit sind und Backen sowieso nicht Ihre Leidenschaft ist? Wer zwingt Sie außerdem zuzugeben, dass Sie sie nicht selbst gebacken haben? Vielleicht haben Sie ja auch eine Freundin, die es liebt, zu backen. Dann machen Sie doch einfach ein Tauschgeschäft: selbst gebackene Torte gegen Bügelwäsche (natürlich nur, wenn Sie eine geübte und willige Büglerin sind, ansonsten können Sie auch babysitten oder den Hund ausführen).

Und wenn Sie denken, dass Sie Ihrer Nachbarin eine Einladung schuldig sind, weil diese immer Ihre Blumen gießt, dann gibt es auch andere Möglichkeiten, sich zu bedanken: ein Glas Marmelade, ein schöner Strauß Blumen …

Als Frau von Format und Stil muss man wenigstens einer angesagten Sportart frönen, wollen Sie gutmeinende Bekannte und einschlägige Medien glauben machen. Ist das wirklich so? Vor Jahren, als Sie beruflich oder familiär noch nicht so eingespannt waren und noch so viel mehr Zeit und Energie hatten, haben Sie damit vielleicht enthusiastisch begonnen. Inzwischen haben Sie zu dieser Sportart jedoch weder Zeit noch große Lust.

Falls Sie es leid sind, Ihre vermeintlich nachlässige Einstellung zum Thema Sport unentwegt zu rechtfertigen, legen Sie sich einfach ein Repertoire von schlagkräftigen Ausreden zurecht, etwa: »Wegen Abnutzungserscheinungen im rechten Schultergelenk ist es mir leider unmöglich, weiterhin Golf zu spielen«, »Mein Arzt hat mir wegen meiner schlimmen Schwindelattacken das Surfen (oder Paragliden) strengstens verboten«, oder »Mit meinem kaputten Knie kann ich kaum laufen, an Skifahren ist da überhaupt nicht mehr zu denken«. Auf diese Art und Weise dürfte Ihnen zu jeder Sportart ein passendes (unsichtbares!) Leiden oder Gebrechen einfallen, das Ihnen die Ausübung leider unmöglich macht, aber wehklagen Sie nicht zu lautstark, sondern ertragen Sie Ihr schweres Schicksal tapfer und mit erhobenem Haupt (dann wird man Sie insgeheim auch noch bewundern).

Natürlich können Sie auch Ihre intellektuell-spirituelle Seite betonen. Verkünden Sie einfach vollmundig, dass Sie durch Ihre Meditationen und die intensive Beschäftigung mit den Philosophien dieser Welt nur noch an die Kraft Ihres Geistes glauben.

Auch im Hinblick auf die Verarbeitung der unübersichtlichen Informations- und Unterhaltungsflut gibt es ungeschriebene Standards: Die Frau von Welt muss alle neuen Filme kennen, die Klassiker der Weltliteratur gelesen haben und bei den Neuerscheinungen immer mitreden können. Sie ist in Sachen Kunst und Kultur bewandert, mit der modernen (Unterhaltungs-)Elektronik bestens vertraut, kennt die In-Places dieser Erde und hat eine Meinung zu politischen Fragen.

Diese Liste könnte unendlich fortgeführt werden, doch bereits die aufgeführten Anforderungen sind von einem normalen Menschen nicht zu bewältigen. Suchen Sie sich deshalb Ihre Spezial- und echten Interessensgebiete heraus und kultivieren Sie Ihr Wissen und Ihre Fertigkeiten bei diesen Steckenpferden. Offensichtlich zutage tretende Wissenslücken in anderen Bereichen können Sie immer noch süffisant als pure Absicht darstellen: »Ich lehne es ab, mich dem derzeitigen Mainstream anzuschließen ...« Oder zitieren Sie Kishons Buch zum Thema Moderne Kunst: »Die derzeitige Avantgarde besteht doch nur aus Scharlatanen!«

Auch Ihr Privatleben wird von den Medien gern vereinnahmt. Die Medienlandschaft ist voll von Tipps und Vorgaben zur perfekten Wohnungseinrichtung, zur souveränen Gästebewirtung und zur sinnvollen Freizeitgestaltung. Ihr innerer Perfektionismus (und möglicherweise Ihr Umfeld) tut sein Möglichstes, um Sie zur Anpassung an diese ominösen Standards zu bewegen. Verbitten Sie sich Einmischungen solcher Art! Bleiben Sie sich treu! Gerade in Ihrem privaten Umfeld zählen nur Ihre ganz persönlichen Maßstäbe und Vorlieben.

Wenn Ihre Schwiegermutter immer noch darauf wartet, dass Sie Gardinen vor jedes Fenster hängen, dann weisen Sie sie freundlich, aber bestimmt darauf hin, dass Sie in Ihrer Wohnung die Idee von lichtdurchfluteten Räumen und frei schweifendem Blick umsetzen möchten. (Die meisten solcher Schwiegermutterkritteleien können Sie auf diese Art in einen inneren Triumph für sich selbst verwandeln.)

Auch wenn noch einige fremdbestimmte Standards in Ihrem Unterbewusstsein schlummern (Ich müsste mehr lesen, ich sollte Küchenkräuter anpflanzen, man isst nicht vom blanken Tisch, für Besuch muss man sich abrackern, wir müssten die Schmidts zum Essen einladen, ich muss wenigstens eine In-Sportart betreiben …), lassen Sie sich bloß nicht rumkriegen! Denken Sie immer daran: Ich bin ich – ich mach's halt so.

Die Qual der Wahl

Gerade in Ihrem Freizeit- und Sozialleben sind Sie gezwungen, unentwegt Entscheidungen zu treffen, wenn Sie nicht selbstbewusst ausschließlich als Couchpotato herumlungern wollen.

Welche Freund- und Bekanntschaften Sie weiterhin intensiv pflegen, wohin Sie in Urlaub fahren, wie Sie das Wochenende gestalten, welchen Film Sie ansehen, welches Buch Sie lesen, was Sie einkaufen oder kochen, welchen Sport Sie betreiben, welche Kneipe Sie aufsuchen, ob Sie zu dem Festival gehen oder dem Arbeitskollegen, der einen Unfall hatte, einen Krankenbesuch abstatten – ständig müssen Sie Prioritäten setzen und Entscheidungen treffen. Und Muße und Nichtstun scheinen gar keinen Platz mehr zu finden …

Das Stresspotenzial in diesem Bereich ist enorm, nicht umsonst hört und liest man allenthalben von *Freizeitstress*. Ein Widerspruch in sich, finden Sie nicht? Gerade Ihre freie Zeit außerhalb von Beruf und sonstigen Verpflichtungen sollte doch der Entspannung, Erholung, der Regeneration und dem emotionalen Auftanken dienen.

Warum hetzen Sie von einem Event zur nächsten Einladung, von einem Termin zur nächsten Verabredung? Eigentlich wollen Sie doch einfach auch mal nur die Seele baumeln lassen, sich erholen und ausspannen. Es fällt Ihnen schwer, sich zu entspannen, abzuschalten, sich von den selbst initiierten und an Sie herangetragenen Anforderungen und Erwartungen zu lösen? Dann wird es höchste Zeit, Ihr Freizeit- und Sozialleben einem umfassenden Check zu unterziehen.

Wenn Sie im vorangehenden Kapitel Ihre zwischenmenschlichen Beziehungen sondiert haben, verfügen Sie inzwischen über Klarheit hinsichtlich Freund und Feind. Diese Erkenntnisse ermöglichen Ihnen, ab sofort andere Prioritäten in Ihren Beziehungen zu setzen. Sie wissen jetzt, wem Sie sich intensiv in Ih-

Mit Lust in die Freizeit

1. Schritt: Zunächst erstellen Sie eine Liste aller aktuell für Sie verfügbaren oder wünschenswerten konkreten Möglichkeiten und Alternativen Ihrer Freizeitgestaltung. Nehmen Sie nur Dinge auf, von denen Sie glauben, dass Sie sie wirklich gerne tun würden, nicht Dinge, die Sie glauben tun zu sollen! Listen Sie alles auf: ins Kino gehen, Konzerte/Festivals besuchen, lesen (Bücher, Zeitungen, Zeitschriften), fernsehen, im Internet surfen oder chatten, ausgehen (Kneipe/Restaurant/Bar/Diskothek), ausgiebig telefonieren, ins Fitnessstudio gehen, sonstigen Sport treiben ...

Legen Sie fest, wie viel Zeit und Geld pro Woche oder Monat Sie diesen Aktivitäten gerne widmen würden, damit Sie einen Überblick bekommen. Eventuell müssen Sie nämlich das eine oder andere aussortieren, um die verbleibenden Dinge wirklich erfüllend und sinnvoll tun zu können.

2. Schritt: Nachdem Sie eine Liste aller Handlungsmöglichkeiten verfasst haben, nehmen Sie die Bestandsaufnahme Ihrer Werte und Prioritäten aus Kapitel 4 wieder zur Hand. Nun ordnen Sie den verschiedenen Handlungsalternativen den Grad der Zielerfüllung (hoch – mittel – gar nicht) in Beziehung zu Ihren Werten zu. Seien Sie rigoros: Werfen Sie alles hinaus, was mit Ihren Werten nichts zu tun hat! Konzentrieren Sie sich auf die Aktivitäten, die Sie in Ihrem Leben wirklich weiterbringen und die Ihnen Spaß machen!

rer knappen Freizeit widmen wollen und wem nicht. Ebenso können Sie in den Bereichen Freizeitgestaltung, Urlaubsplanung oder Infotainment verfahren.

Wenn Sie diese persönlichen Checklisten für jeden Entscheidungsbereich in Ihrer Freizeit aufstellen, werden Sie sich mit allen Entscheidungen zukünftig leichter tun, Sie werden sicherer und zufriedener, also glücklicher sein.

Reise in die Fantasie – Schlampinen-Tipps

Nun haben Sie gelernt, Freund von Feind zu unterscheiden, Ihre Persönlichkeit zu kultivieren, Ihr Anspruchsniveau der jeweiligen Situation anzupassen und Entscheidungen im Freizeitbereich zu treffen. Falls Sie von Zeit zu Zeit aber doch perfekt erscheinen wollen, wollen wir Ihnen noch ein paar erprobte Mogeltechniken an die Hand geben.

Bluffen Sie sich durch. *Egal, ob es um Theater, Film, Bücher, Musik, Politik, Geografie, um Wein, Esoterik, den Börsenmarkt oder um ein anderes Spezialthema geht, auch ohne fundierte Ahnung können Sie bedenkenlos mitreden, wenn Sie sich an ein paar grundsätzliche Regeln halten. Schneiden Sie von sich aus nie ein Thema an, in dem Sie nicht absolut firm sind. Hören Sie genau zu, was Ihre Gesprächspartner sagen, dann können Sie den einen oder anderen Nebensatz vielleicht später als Ihren eigenen Gedanken verkaufen.*

Lenken Sie das Gespräch auf Themen um, in denen Sie fit sind (zum Beispiel beim Thema Amerikapolitik: »Ich finde, wir sollten zuerst einmal vor der eigenen Haustür kehren. Seit Monaten engagiere ich mich in einer Bürgerinitiative zum Erhalt des Biotops ...«).

Untermauern Sie Ihre unqualifizierten Bemerkungen mit Zitaten ominöser Kapazitäten: »In der Studie des international renommierten Prof. Dr. Ingolf-Mario Schneider-Willenbrink aus der Schweiz hat sich auch bestätigt ...« Kaum einer wird zugeben, dass er von dieser Berühmtheit noch nie etwas gehört hat, sodass Sie elegant mögliche Gegenargumente ausgehebelt haben.

Bestechen Sie Ihre Zuhörer durch exotische Detailinformationen (»Van Gogh hatte eine ausgeprägte Vorliebe für Linsensuppe mit einem Schuss Essig«), blenden Sie durch Insiderwissen (»Mein Banker erzählte mir jüngst ...«) oder geben Sie einfach gelangweilt den Satz »Dieses Thema ist nun wirklich zu abgegrast, um weiter darüber zu diskutieren« von sich.

Etikettenschwindel *Nicht nur bei Bekleidung zählt das klangvolle Label. Auch in Sachen Lebens- und Genussmittel kann man mit falschen Etiketten Eindruck schinden. Heben Sie leere Flaschen kostspieligen Weines grundsätzlich auf. Wenn Sie das nächste Mal Gäste haben, füllen Sie eine Dekantierkaraffe mit preiswertem Wein und stellen die leere Flasche des teuren Weines einfach daneben. Aber Vorsicht: Wirkliche Weinkenner könnten Ihnen auf die Schliche kommen.*

Oder füllen Sie gekaufte Marmelade in dekorative Gläser um und versehen Sie sie mit einem handgeschriebenen Etikett – fertig ist die selbst gekochte Marmelade (durch das Mischen zweier Sorten können Sie so ganz neue Kreationen zaubern).

Auch in Sachen Urlaub kann der Etikettenschwindel funktionieren: Geben Sie Ihren Freunden vorher geschriebene Ansichtskarten in exotische Urlaubsorte mit, die sie dann nur noch original frankieren und aus der Ferne an Ihre Kollegen verschicken müssen, während Sie sich im Garten Ihrer Mutter die entsprechende Sonnenbräune erarbeiten.

Geheimniskrämerei *Falls Sie glauben, Ihren Freunden oder Bekannten Erklärungen zu schulden, können Sie Ihre persönlichen profanen und wenig herzeigbaren Vorlieben auch in geheimnisvollen Andeutungen verpacken: »Ich könnte ja auch mal wieder in die Südsee fliegen, aber nach der Sache mit Alfred damals fühle ich mich dem Bayerischen Wald zutiefst verbunden.« Oder auch: »Gegen Champagner ist prinzipiell nichts einzuwenden, aber mit Rotkäppchen-Sekt verbinde ich so viele gute Erinnerungen …« Außerdem können Sie bei kniffligen Themen einfach einen großen Unbekannten (einen guten Freund, der aber zurzeit sehr beschäftigt ist) erfinden, den Sie dann immer geheimnisvoll zitieren.*

Perfekte Ausreden *Ähnlich wie beim Thema Sport können Sie Ausreden aus dem (schlecht nachprüfbaren) medizinischen Bereich auch zum Thema Urlaub verwenden. Ein aufregender Tauch-, Kletter- oder Reiturlaub, den Sie eigentlich geplant hatten, kann aufgrund gesundheitlicher Probleme (Ohrenentzündungen, Allergien, Schwindelanfälle) leider nicht stattfinden. Mit ein bisschen Fantasie können Sie so für jede Art des Aktivurlaubs eine perfekte Ausrede erfinden.*

Clevere Informationsbeschaffung *In Zeiten des Internets ist eine schnelle und effektive Beschaffung von Informationen zu jedem Thema kein Problem. Egal ob es sich um exotische Kochrezepte, aktuelle Buchrezensionen, Theaterkritiken oder neueste technische Errungenschaften handelt, im Internet finden Sie vielfältige Informationen, die Sie nur geschickt filtern und sortieren müssen. Mit relativ wenig Aufwand können Sie (ein wenig Übung vorausgesetzt) immer mitreden, sich Informationsvorsprünge verschaffen, sich als Experte qualifizieren oder einfach als gut informierter Mensch in bestem Licht erscheinen.*

Goldene Regeln

1. Meistens ist weniger mehr.
2. Sie sind Sie – und dafür werden Sie geliebt.
3. Hören Sie mehr auf Ihre innere Stimme als auf die Ihrer Schwiegermutter.
4. Seien Sie ehrlich zu sich und anderen.
5. Lieber fünf gute Freunde als fünfzig flüchtige Bekannte.
6. Gut geblufft ist schon gewonnen.

10 Nur Mut – das Leben ist eben nicht perfekt

Gerade weil Sie bisher passionierte Perfektionistin waren, wissen Sie ganz genau, dass das Leben eben doch nicht perfekt ist und es an den (unwahrscheinlichsten) Stellen immer wieder einmal Probleme geben kann. Und auf Ihrem neuen, individuellen Weg zur Schlampine jenseits der Perfektion kann es natürlich passieren, dass Ihnen der eine oder andere Stolperstein unter die Füße kommt. Kein Grund zur Aufregung. Mit Gelassenheit, Geduld und Wohlwollen lassen sich diese aus dem Weg räumen oder elegant umgehen.

Grundsätzlich können Ihnen zwei Arten von Stolpersteinen begegnen: die selbst erzeugten und die von Ihrer Umwelt hingeworfenen. Die selbst erzeugten bestehen aus aufkeimenden Zweifeln, aus Mutlosigkeit, es doch nicht schaffen zu können, aus Rückfällen und dem Ärger darüber. Das ist völlig normal und in Ordnung!

Seien Sie also liebevoll und geduldig mit sich selbst und versuchen Sie, statt eines Yesbutter ein Whynotter zu sein! Ein Rückfall in perfektionistische Denkschemata ist nämlich keine Katastrophe oder gar das endgültige Scheitern, sondern bietet Ihnen die Möglichkeit, in Ruhe noch einmal Bilanz zu ziehen: Was hat gut funktioniert, womit sind Sie zufrieden, und wo müssen Sie vielleicht etwas ändern, damit es wieder vorwärts geht? Greifen Sie zu Ihrem Erfolgstagebuch, um sich wieder vor Augen zu führen, was Sie alles schon geschafft haben.

Überprüfen Sie, ob Sie sich nicht vielleicht (doch noch unterschwellig perfektionistisch) zu große Schritte vorgenommen haben. (Wie isst man einen Elefanten? Bissen für Bissen!) Denken Sie an die Kriterien für smarte Ziele (Seite 93) und setzen Sie sie um, damit Ihre Änderungsvorhaben mit größter Wahrscheinlichkeit erfolgreich sein werden. Machen Sie sich klar, dass kaum etwas schwerer zu verändern ist als eine alte Gewohnheit – warum sollte das bei Ihnen anders sein als bei anderen Menschen? Es braucht nun einmal Zeit, Geduld und etliche Wiederholungen, bis unser Hirn einen neuen Automatismus – eine neue Gewohnheit – etabliert hat. (Das können Sie sehr leicht überprüfen: Räumen Sie einfach Ihren Schrank um oder stellen Sie eine Ihrer Lampen an einen ganz anderen Platz. Sie werden erstaunt sein, dass Sie auch noch nach Wochen instinktiv an dem alten Platz nach Ihren Pullovern oder dem Lampenschalter suchen!)

Unterstützen Sie Ihr Gehirn bei der Veränderung: Pflastern Sie Ihre Wohnung, Ihren Terminkalender oder Ihren Schreibtisch mit kleinen Zettelchen und Fotos, die Sie (bewusst und unbewusst) immer wieder an Ihre neuen Ziele erinnern, um dem Aus-den-Augen-aus-dem-Sinn-Effekt entgegenzuwirken. Holen Sie einmal täglich Ihr Erfolgs- und Traumbuch hervor, blättern Sie darin und stärken Sie so Ihre Visionen.

Nageln Sie sich fest und erzählen Sie Ihren Freundinnen und Kolleginnen von Ihren Plänen und Zielen; auf jeden Fall aber Ihrer Lieblingsfeindin. Allein die Vorstellung, wie diese süffisant über Ihr Scheitern herziehen würde, wird Sie zusätzlich motivieren und Ihnen helfen, die Zähne zusammenzubeißen, aufzustehen und weiterzumachen. Schließen Sie zusätzlich eine Wette ab, die Sie sehr ungern verlieren würden. Der Preis, den Sie im Fall des Verlierens zahlen müssten, sollte wirklich ziemlich hoch sein.

Suchen Sie sich Unterstützung: Perfektionistinnen kennen oft etliche Gleichgesinnte. Gehen Sie die Entstressung Ihres Lebens gemeinsam mit einer Freundin an. Ganz ideal ist es, wenn sich ihr Perfektionismus auf ein anderes Gebiet bezieht (Sie sind zum Beispiel Outfitperfektionistin, sie hingegen ist Haushaltsperfektionistin). So haben Sie eine Partnerin, die das Problem Perfektionismus aus eigener leidvoller Erfahrung kennt, aber bezüglich Ihrer Thematik hat sie keine perfektionistische Brille auf der Nase und umgekehrt. So können Sie sich gegenseitig helfen, Ihre verzerrte Wahrnehmung in den Griff zu bekommen und alles etwas lässiger zu sehen.

Bei uns beiden hat das exzellent funktioniert und zu einer

Menge Spaß geführt: Man kann einfach nur noch lachen, wenn man glaubt, irgendein Thema schon sehr entspannt zu sehen und dabei von der anderen aufgezeigt bekommt, dass der Perfektionismus sich wieder durch die Hintertür eingeschlichen hat. Eine von uns war nämlich Haushaltsperfektionistin und hat tatsächlich bei strahlendem Frühlingswetter die Fenster strikt geschlossen gehalten, der Blütenstaub, Sie erinnern sich! Dafür war sie ganz stolz darauf, seit zwei Tagen nicht gesaugt zu haben. Die andere hat schon ein paar Mal trotz Verlängerung die Ladenschlusszeiten verpasst, weil sie vor dem abendlichen Schnelleinkauf beim Bäcker eine Dreiviertelstunde überlegt hat, welche Ohrringe am besten zum Outfit passen. Dafür war sie ganz stolz darauf, auf eine fünftägige Reise nur sieben Paar Schuhe mitgenommen zu haben. Mittlerweile kann der Frühling bei weit geöffneten Fenstern kommen – wir sitzen barfuß und ohne Ohrringe im ungesaugten Wohnzimmer, krümeln genüsslich mit unseren Brötchen herum und lachen über die Torheiten der Vergangenheit.

Die andere Sorte Stolpersteine wird Ihnen womöglich von Ihrer Umwelt vor die Füße geworfen. Klar, natürlich passt es Ihrer Familie nicht, wenn Sie auf einmal darauf bestehen, dass die Familienmitglieder im Haushalt mit anpacken sollen, wo es doch bisher so bequem war, dass Sie als Mrs. Perfect alles allein erledigt haben! Auch Ihr Chef wird im ersten Moment nicht so begeistert sein, wenn Sie auf einmal nicht mehr alle Zusatzaufgaben klaglos miterledigen wie bisher und sich dabei völlig aufgerieben haben.

Hier gilt: Kein Mitleid mit den armen Faulpelzen! Gewohnheitsrecht gilt nicht ewig – vielmehr haben Sie das Recht, für Ihre Belange einzustehen. Seien Sie sanft, freundlich und geduldig, aber bleiben Sie hartnäckig am Ball. Geben Sie Ihren Lieben ruhig ein bisschen Zeit, sich an die neue unperfekte Hausfrau zu gewöhnen, und lassen Sie sie die Vorteile einer endlich entspannten, lockeren und spontanen Mutter erleben. Es wird ihnen schnell klar werden, dass diese Vorteile die Nachteile des Mitarbeitens deutlich überwiegen.

Lassen Sie aber nicht locker und bleiben Sie konsequent. Das Altpapier wird sich schon nicht bis unters Dach stapeln – also hüten Sie sich davor, es irgendwann doch selbst zu entsorgen, und leben Sie eben eine Zeit lang mit dem unordentlichen Stapel. Mit Geduld sitzen Sie am längeren Hebel, und Ihre Tochter wird schon irgendwann kapieren, dass das traumhafte Leben als Prinzessin endgültig vorbei ist.

Bitten Sie um Verständnis und Unterstützung. Die meisten Menschen sind ja nicht wirklich bösartig oder absolut egoistisch und können sehr wohl nachvollziehen, warum es für Sie wichtig ist, in Ihrem Leben etwas zu verändern. Reden Sie mit ihnen über Ihre Pläne und beziehen Sie sie mit ein. Menschen können Veränderungen viel besser verkraften, wenn sie das Gefühl haben, sie irgendwie mitgestalten zu können; und sie fühlen sich gebraucht und wertgeschätzt, wenn man sie um Hilfe oder Rat bittet. Wenn Sie Ihrem Chef Ihre überlastete Situation im Büro schildern, ihm Ihre Absichten erklären, ihm die Vorteile einer Veränderung aufzeigen und ihn um seine professionelle Unterstützung bitten, wird er zwar nicht in Entzückensschreie ausbrechen, aber viel bereitwilliger mitziehen, als wenn Sie eine kompromisslose Trotzhaltung einnehmen. Geben Sie sich und den anderen Zeit – aber nicht endlos! Machen Sie gleichzeitig klar, dass Sie fest entschlossen sind, Ihre Vorhaben umzusetzen. Sie haben ein Recht darauf und sind es sich selbst schuldig.

Nichtsdestotrotz gibt es leider sehr erziehungsresistente Zeitgenossen. Hier hilft nur eines: Schaffen Sie Fakten, reden Sie nicht nur über Veränderungen, sondern fangen Sie einfach damit an. Was geschehen ist, ist geschehen – freuen Sie sich auf konsternierte Gesichter, wenn Sie endlich etwas wahr gemacht haben, was Ihnen womöglich keiner zugetraut hätte. Demonstrieren Sie aber gleichzeitig immer wieder die Vorteile, die es für Ihre Mitmenschen hat, wenn sie es statt mit einer verbissenen und gestressten Perfektionistin mit einer entspannten, ausgeglichenen und zufriedenen Person zu tun haben.

Wenn alles nichts hilft: Im Extremfall sollten Sie sich von der einen oder anderen Person trennen, die Ihnen immer wieder nicht nur Stolpersteine, sondern ganze Felsbrocken in den Weg legt. So traurig eine Trennung sein mag – es geht um Ihr Leben und um Ihr Glück. Dafür sind Sie allein verantwortlich.

Und dabei dürfen Sie auch weiterhin perfektionistisch sein: beim Genießen der schönen, entspannten, spontanen, glücklichen, witzigen, aufregenden, berauschenden, spannenden, romantischen und überraschenden Momente des Lebens!

Mustertabellen und -checklisten

Bestandsaufnahme Werte, S. 56

Was ich mir wirklich wünsche	Wert	Priorität
Wunsch 1	Wert 1	
Wunsch 2	Wert 2	

Prioritätenübersicht, S. 63

Wert/Thema nach Prioritäten	Aktivitäten/Prinzipien
Wert 1	
	Aktivität 1
	Aktivität 2
Wert 2	
	Aktivität 1
	Aktivität 2
Wert 3	Bereich 1
	Aktivität 1
	Aktivität 2
	Bereich 2
	Aktivität 1
	Aktivität 2
Wert 4	
	Aktivität 1
	Aktivität 2
Wert 5	
	Aktivität 1
	Aktivität 2

Perfektionistische Erwartungen, Denkmuster und Überzeugungen, S. 71

bisheriger Satz	trifft zu 0–100 %	neuer Satz
Nur wenn ich perfekt bin, werde ich geliebt.		Es gibt Menschen, die mich auch mit Fehlern und Makeln lieben.
Ihre eigenen Formulierungen:		

Fragenkatalog zum Relativieren von Erwartungen: S. 74

Fragen	Antworten
Was genau meine ich damit? Welchen Maßstab lege ich an?	
Unter welchen Bedingungen gilt das/gilt das nicht? Welche Erfahrung steckt dahinter?	
Wirklich immer/nie/alles/jeder? Gibt es keine Ausnahmen? Welche Ausnahmen habe ich schon erlebt? Was ist dabei passiert? Gibt es weitere Gegenbeweise?	

Kriterien zur Umformulierung von Glaubenssätzen, S. 76

einschränkender Glaubenssatz	unterstützender Glaubenssatz
Kennzeichen der Formulierung/ Wirkung	Kennzeichen der Formulierung/ Wirkung
1. Zwang	1. Auswahl, positiv formuliert
2. generalisiert (gilt immer und überall)	2. generalisiert (gilt immer und überall)
3. fremd bestimmt	3. selbstbestimmt
4. Stress erzeugend	4. wohltuend, befreiend
alte Formulierung: *Nur wenn ich perfekt bin, werde ich geliebt.*	neue Formulierung: *Es gibt Menschen, die mich auch mit Fehlern und Makeln lieben.*

Neue Glaubenssätze emotional verstärken

1. Schritt: Entspannung und Konzentration auf sich selbst.

2. Schritt: Alten Glaubenssatz anhören und Parameter herausfinden: Lautstärke, Tempo, Modulation, Klangfarbe, Höhe etc.

3. Schritt: Parameter sukzessive verändern, bis alter Glaubenssatz ganz fremd klingt.

4. Schritt: Alten Glaubenssatz wie ein Echo verhallen lassen, gleichzeitig neuen Glaubenssatz einspielen und so lange anhand der Parameter optimieren, bis er angenehm und unterstützend klingt und sich vertraut anfühlt.

5. Schritt: Neuen Glaubenssatz mehrfach abspielen.

Checkliste Prioritäten im Beruf, S. 118

Thema	Priorität A, B, C	Risiko niedrig, mittel, hoch
Thema 1		
Aufgabe 1		
Aufgabe 2		
Thema 2		
Thema 3		
Thema 4		

Derzeit realistisches Niveau 0 bis 100 %	Zeitdauer in Stunden	Aktivitäten
		Aktivität 1
		Aktivität 2

Formular Haushaltsanalyse, S. 192

Aufgabe	Frequenz pro Woche	Zeitlimit in Minuten	Minuten pro Woche

Sparpotenzial/Aktivitäten	neuer Zeitbedarf

Tabelle soziale Kontakte, S. 224

Kontakte	Frequenz	Energiebilanz	Fazit
Freunde und Bekannte			
Familie			
Kollegen und Netzwerk			
Nachbarn			
Vereine und Clubs			

Ziele und Aktivitäten

Register

Isabel Köller
Bullerbü ist überall
Das Geheimnis von Kinderglück
und stressfreiem Familienleben

2008, 237 Seiten
ISBN 978-3-593-38425-2

Erziehungsstress, ade!

Anhand von Astrid Lindgrens Erzählungen weist Isabel Köller
Wege zu einem einfachen Erziehungskonzept, das auf Liebe,
Achtung und Vorbildern gründet. Statt bedingungslose Disziplin zu fordern, plädiert sie für respekt- und liebevollen Umgang
zwischen Eltern und Kindern und dafür, dass Eltern wieder
mehr ihrem Instinkt vertrauen. Anhand zahlreicher Beispiele
erklärt sie, was ein Kind neugierig und selbstbewusst werden
lässt und wie Eltern es bei seiner Entwicklung unterstützen
und begleiten können, anstatt es den eigenen Bedürfnissen
und Zeitvorstellungen entsprechend zu formen. Ein kundiges
Plädoyer für das richtige Maß an Freiheit und Geborgenheit in
der Familie, um Kinder stark und glücklich zu machen!

Mehr Informationen unter
www.campus.de

Frankfurt · New York

Christian Thiel
Was glückliche Paare richtig machen
Die wichtigsten Rezepte für
eine erfüllte Partnerschaft

2007, 205 Seiten
ISBN 978-3-593-38163-3

Erfolgsrezepte für die Liebe

Nach weit verbreiteter Ansicht müssen immer beide Partner
an einer Beziehung arbeiten und nur langwierige Beziehungs-
gespräche können eine Partnerschaft verbessern. Für Christian
Thiel sind dies Mythen, die dazu führen, dass eine Beziehung
gerade nicht besser, sondern schwieriger wird. Aus seiner
langjährigen Praxis als Single- und Paarberater kennt Thiel
nicht nur die wichtigsten Gründe, woran die Liebe scheitern
kann, sondern ihn interessiert vor allem, wie und warum die
Liebe bleibt. In seinen 20 Rezepten für eine gelungene Zwei-
samkeit plädiert er für Verständnis und Vertrauen.

**Mehr Informationen unter
www.campus.de**

Frankfurt · New York